靜觀 詩選 Ⅱ

하나인 줄 알면

김 종 천 제15 시선집

책머리에

마음의 무문無門을 열며 바치는 글

우주 만물 가운데 인간으로 태어나 인생이란 육십여 성상 星霜 길을 걸어오며 만난 시절 인연 속에서 말없이 녹아내린 영혼의 울림을 모아 추려내어 밝고 맑고 한결같은 원래 그대로의 참모습을 찾아가는 인생 동행자에게 신심信心의 물 한 모금甘露이 되고자 본래의 그 자리에서 나의 본래 모습을 깊은 어둠에서 찾아내어 이 글을 펼쳐봅니다.

영혼의 울림을 모아 10여 년 동안 쓴 글을 모아 권당 365편씩 편집하여 (1권 빛 따라 소리 따라, 2권 하나인 줄 알면, 3권 허공이 만공이라, 4권 두 손을 놓아라, 5권 마음의 짐 내려놓고, 6권 한빛 밝히려고) 펼치면서 인생이 무엇이며 어떻게 살아야 할 것인가, 영적, 정신적 여유와 즐거움을 주는 인생 공부는 한이 없음을 사유해 봅니다.

값진 삶 가운데 시詩를 찾고, 시 가운데 삶을 펼쳐 우주와 인간이 하나로 어우러진 깨달음의 미학, 그 영성적, 오도적悟道的 세계로 떠나는 나그네의 길에 작은 등불을 밝혀 그래도 좀 어설픈 마음이 들면 쉬엄쉬엄 걸어가는 길에 지팡이로 삼고자 합니다.

천지 만물이 모두 나름대로 빛과 소리와 향기로 진리를 노래하니 이를 공부 방편으로 삼아서 우주 순행의 이치를 알아차림하고 마음 다스려보는 깊은 침묵의 빛으로 내 안의 어둠을 밝혀보려 합니다.

만법의 빛과 말씀의 울림에서 담아 온 이 한 편의 시가 자아와 우주 본질을 깊이 있게 생각하고 존재의 심연을 본래 있는 대로 바라보는 정관靜觀으로 무량한 진리眞理를 깨닫는 미학으로 고요함과 평상심을 느끼는 안심安心의 향기가 되었으면 합니다.

말 없는 말 없으므로 지금 그냥 있는 그대로 이 한순간을 영원을 향한 무한한 울림의 대화가 되기를 바라면서 나의 존재 나의 셈법에 얽매이지 않고 마음짐 내려놓고, 걸림 없이 세상의 시시분별의 시험에 들지 않고 헛된 삶이 아니었다고 감사하며 우주 만물과 느림의 동행자, 변화의 동행자, 바라봄의 동행자로 걸어가고자 이 글을 세상에 바칩니다.

                2024년 입춘지절에 찬 바람에 가슴을 열고
                          진목 김 종 천

차례

정관시선 II〈365편〉
책 머리에 • 5

1부. 지혜의 빛을 품어라 하네

셈법算法이 다르니	21
말씀으로	21
나그네 길	22
진리의 말씀 따라	23
자재지중慈在智中	23
불광보조佛光普照	24
법수장류法水長流	25
본래의 마음이거니	25
한 생각	26
불성佛性	26
인연因緣	27
진리의 향기	27
무언無言	28
초발심初發心	28
반야의 빛, 화엄의 빛	29
님의 향기	29
사정단四正斷	30
사법인四法印	31
무주無住의 삶	32
해탈	33
하나인 줄 알면	34
혜향慧香	34
불생불멸不生不滅	35
알음알이	36
청정淸淨	36

정향定香	37
흰 점 하나	38
진리	38
생명의 빛	39
공양구供養具	39
생멸	40
선견先見	40
불입문자不立文字	41
분별 망상에서 벗어나	41
원음原音	42
불이不二	43
관음觀音	43
반야의 소리	44
웬, 아상我相	44
자유자재自由自在	45
수행修行	46
성화聖化의 길	46
자성의 향기	47
진여眞如	48
참 인연	48
인과응보	49
문문무답無問無答	50
마음은 무일물無一物	50
한마음	51
정도正道	52
무착無着	52
무재칠시無財七施	53
청정심清淨心	54
무애자재無碍自在	55
선경仙境	55
무답無答	56
본향本鄕	56
보시布施	57
동체대비同體大悲	57

응병여약應病與藥	58
때가 되면	58
무애자재無碍自在 2	59
입지立地	59
대 자유인	60
허망하다 마라	61
나의 자성自性	62
심허心虛	63
한 경계	63
심상心相	64
지혜의 빛 앞에	65
빛의 묘용	65
원래原來는	66
선심禪心	66
한 화두話頭 머금고	67
염화미소의 향기	68
진리의 빛 비추면	68
한 음성	69
진여眞如의 새움	69
한 말씀이여, 한 현상이여	70
진정한 의심	70
업보는 업보를 품고	71
말씀	71
일여一如	72
그 자리	73
내 마음의 그릇	74
별빛 내리는 밤	75
참뜻	75

2부. 깨우침의 울림

자비의 향기	77
해탈의 향기 따라	77
한마음 비우니	78

맑은 샘물	78
산책길에	79
소리 따라	79
해탈의 길	80
님 찾아가는 길	80
성찰의 삶	81
환영幻影의 삶	82
부채 상相	82
법고法鼓의 소리	83
마음을 나누자 하니	83
평등심平等心	84
유혹	84
화초 앞에서	85
하심下心	86
깨우침의 행복	87
돌아온 나그네의 마음	88
님 그리는 마음	89
월야음月夜吟	89
번뇌 망상	90
촛불 앞에서	90
구求 한다는 것은	91
마음의 바다	91
어떤 문	92
웬 둥지	92
미소 안에	93
한 생명 앞에서	93
틈으로	94
뉘우침悔	94
님은	95
허상虛像	96
깨달음	96
희망의 종소리	97
부채 바람에	98
유심唯心	98

변하지 않은 것은	99
미련	99
살며 생각하며	100
어린이 놀이터에서	101
무념무상無念無想	102
나의 소망	102
숲속에서	103
내 몫은 무엇일꼬	104
뭘 찾다 보니	104
흔적	105
명경지수明鏡止水	105
달빛 아래서	106
이것	106
평등	107
망심妄心	108
그대로	109
비움	109
욕망	110
고요함	110
일하고 싶으면	111
둥지를 찾아	112
뭘 알 것 같소	112
살다 보니	113
해탈의 모습	114
우주의 질서	114
웃음微笑	115
님 그리는 마음	116
나그네	116
무슨 먼지	117
산사에서	117
나무아미타불과 아멘	118
무슨 열쇠	119
소망	120
다향茶香에 젖어	120

다시 보니 121
하늘空 121
지혜의 빛 앞에 122
나루터에서 123
님께서 부르시면 124
들길을 거닐며 124
심신이 불이요, 생멸이 불이라 125
고향길 가듯 125

3부. 사계절의 미소

지혜의 힘은 봄 향기에 127
봄비 127
경칩驚蟄 128
한 찰나에 129
설중매雪中梅 129
이 마음 130
봄빛 아래서 130
춘향春香 131
봄비 오는 밤 131
춘정春情 132
봄기운 창창한데 133
홍매화 133
벚꽃櫻花 아래서 134
봄산에 올라 134
섬진강 매화 135
춘향春香 2 135
봄빛은 반야의 빛 136
봄눈을 바라보며 136
5월의 빛 137
춘분春分의 밤 138
봄비 오는 날 139
별빛 내리는 밤 140
갈애 141

입하立夏	141
한여름 단상	142
숲길을 걸으며	142
여름, 나그네	143
여름빛, 반야의 빛	143
능소화의 향기	144
하지夏至	144
입추立秋	145
가을빛 아래서	145
풍진객風塵客 가슴마다	146
가을 단상	146
가뭄 탄 기도	147
무등산에 올라	147
춘추春秋	148
추심秋心	148
단풍, 가을꽃으로 물들다	149
추정秋情2	149
풍영정에 앉아	150
가을 산을 걸으며	150
추경秋景	151
낙엽을 움켜쥐고	151
가을빛이 고와	152
만산은 한 빛인데	152
무등산 추경	153
석양빛 가슴에 품고	153
가을밤에	154
가을빛	154
가을 인생	155
국화 향기	155
만추晩秋의 향기	156
가을 하늘 아래서	156
가을 달밤에	157
무심한 인생	157
겨울의 비밀	158

겨울빛	158
겨울밤의 꿈	159
눈 쌓이는 날	159
시절 따라	160
산촌山村	160
눈이 내리면	161
눈오는 밤에	161
여유餘裕	162
겨울밤의 서정抒情	162
정월 대보름	163
폭설아 날개를 접어라	163
정월 대보름의 정감	164

4부. 사람의 소리, 세상의 소리

너와 나의 기도	166
세상의 말	166
미련	167
봄물 소리에	167
보름달이 하도 고와	168
마음달 앞에	169
세상인심	170
참된 농민農民	171
정도政道	171
국립5·18 민주묘지에서	172
인생은	173
세월 따라 믿음 따라	173
태어나고 살다가	174
정안	175
진실의 흐름	175
민심民心의 손	176
실직자의 하루	176
밝은 세상	177

편안한 마음	177
달집 태우기	178
인생 단가	178
말의 원력	179
한 흔적	180
자비의 향기	181
양심의 빛	182
고독한 그리움	183
내 안의 소리	184
벗님을 불러 앉아	185
진실의 몸짓	185
세월의 짐 지고 사노라면	186
따라 따라 흐르니	187
나눔의 향기	187
우정의 잔	188
마음의 신호등	188
작은 나눔	189
님 그린 정	190
고향 무정	190
무슨 답答	191
님 그리는 마음	192
다도茶道의 향기香氣	192
한가위의 사무량심四無量心	193
추석 풍경	193
찻잔에 담긴 정	194
숨은 정情	194
돋보기의 세상	195
내가 찾는 세상은	196
기다림	197
분별력	197
거짓과 진실의 본바탕	198
인정이 오가니	198
하루 일	199
한 인생	199

사랑의 등	200
고향길	200
장부의 한 일	201
살아간다는 것	201
생生의 지혜	202
물아일체	202
아직도 할 일 남아	203
세상이 하 수상하니	203
마음물 맑으니	204
시인의 길	204
말조심正言	205
고운 미소	206
인연의 뜻	206
세상을 향해	207
못다 한 정情	207
세상의 운행	208
나의 길 찾아	208
작은 존재이지만	209
동행자	210

5부. 변화의 몸부림

새날에는	212
한 알의 씨앗	212
걸림 없는 마음	213
마음 빛	213
미래로 가는 길목에서	214
외로운 고수	215
한 톨의 불씨	215
인생의 맛	216
말없이 찍은 점	216
보시布施=베풂	217
살구가 익어갈 때	218

나, 이 겨울에는	219
풍진객風塵客	220
빈 마음	220
입장 살피니	221
그대로이니	221
진실과 거짓의 굴레	222
바른말로 삭히고	222
한마음 울림으로	223
시냇물 따라	223
인생의 노래	224
매미 소리에	224
그 때가 되면	225
해탈의 몸짓	225
정중동靜中動	226
헛된 주장	226
선택의 묘용	227
끊음이여	227
출발과 도착	228
한 소망	229
청정한 마음淸淨心	229
평화의 소리	230
앞생각 뒷생각	231
간절한 마음	231
낮은 자의 모습	232
일어난다는 것은	233
그리움은	234
뭘 찾는가	235
기쁜 소식	236
가끔은	236
한 바람願	237
세욕洗慾	237
여유餘裕	238
콧구멍 뚫기 전에	239
희망의 가슴	239

화두話頭　　　　　　　　　　　240
나그네 길　　　　　　　　　　240
내 마음의 고향　　　　　　　　241
어찌하여　　　　　　　　　　　242
내 인생의 옷　　　　　　　　　242
이것과 저것은　　　　　　　　　243
푸른 언덕 찾는 마음　　　　　　244
헛된 수고　　　　　　　　　　　244
영산강 변의 서정　　　　　　　245
어둠 속의 그림자　　　　　　　245
똑바로 바라보라　　　　　　　　246
초승달이 보름달이요　　　　　　247
깨달음 앞에　　　　　　　　　　247
영혼의 감로수　　　　　　　　　248

* 詩中問答　　　　　　　　　　249

/ 1부

지혜의 빛을 품으라 하네

셈법算法이 다르니

가을빛이 따스하게 내리어 들녘에 가득하니
남녀노소가 따로 없이 모두가 땀에 적신 한 일꾼이구나
품삯을 생각지 않으면 한 가족 일거리이겠지만
일과 노동의 셈법이 다르니 범부와 성인의 주머니가 다르네.
나그네,
계절 따라 생각함과 바라봄이 달라지니
소유와 무소유를 생각하면 번뇌가 더욱 깊어지고
값과 가치를 헤아리려 하면 탐욕이 되살아나니
이일 저일 비우고 나면 삼매 가운데 진여를 생각하겠네.

말씀으로

가을빛이 익어가는 소리에
성큼 내어준 山허리
나그네는 나무 그림자를 베게 삼아
꿈속에서 별천지를 날고 날았네.

멀리서 들려오는 폭포 소리에
잎마다 살랑대며 새 단장 채비하니
가을 산이 하늘을 품고 미소 지으며
말씀으로 목마름을 씻으라 하네.

나그네 길

천년을 하루같이 하루를 천년같이
저 너머 언덕 위에 외로이 떠 있는 흰 구름 한 점
영혼의 광야에는 나 홀로 거닐고 있네

오늘이야 이렇게 머물 곳 있다지만
언제까지 날고 있는 저 새들
외로운 나그넷길에서 볼 수 있을까

산마루에 걸터앉은 하현달
이길 저길 따라가라고 끄덕이니
바람조차 설왕설래説往説來하네

나그네, 세상의 인심 따라가다 보면
열반과 해탈도 천국의 그림자이니
진리의 등불 아래 걸림 없이 가자 하네.

진리의 말씀 따라

무등산 위에 감도는 구름 하늘의 소리 모아 흐르고
광주천 흐르는 물 세상의 소리 모아 흐르고 있네.

가는 길 진리의 말씀 따라 걸림 없이 걸어가고
먼바다의 파도 만법의 소리 모아 수평선 이루네.

나그네, 시절 따라 여물어간 가을의 소리에
울부짖는 침묵으로 세상의 소리 귀 기울이고 있네.

자재지중 慈在智中

다스한 빛 찾아 몸 내밀지 않고
얼음 위에 발 내디디니
어쩌자는 거냐.
백 년을 물 한 모금 나눌 줄 모르고
어느 날에 밝은 지혜를 챙김 하려나.

눈이 쌓여도 한 햇살에 녹아나고
세상이 싸늘해도 마음 안에 따뜻하네.
원래 있는 것도 없는 것도 없음이건만
그래도 한 자비 베푸니 그 안에 지혜 있구나.

불광보조佛光普照

자연은 원래의 원리에 따라
스스로를 묶는데
인간은 욕망의 집착이
스스로의 발을 묶으려 하는구나.

수행의 길에 선 나그네여,
번뇌 망상의 꿈을 꾸지 않고
어떻게 해탈의 강을 건너려 하는가.

아무리 세찬 큰 파도도
한 톨의 모래를 머금고 가라앉고
꼭 쥐고 있는 아상我相도
한마음 버리니 평상심으로 돌아가네.

마음 안에 고동치는 생로병사生老病死여,
불광보조佛光普照의 빛 아래
한 인연 풀리고 묶임이 없구나.

법수장류法水長流

세월은 어제와 오늘 지난해와 올해도
한 빛 아래 자유자재한데
어찌자 이 몸은 이리도 허상에 메여
제행무상諸行無常하고 공허한데 뭘 그리 보고 있나.
나그네여,
걸림 없고 자유자재自由自在 하여
세상의 청정함을 보려 하네
해탈의 향기에 법수장류法水長流 하니
참 성찰은 믿음의 꽃이요 향기이네.

본래의 마음이거니

아침을 깨우려 찻물을 끓인다.
끓고 있는 물을 보며 생각하다가
녹차를 넣을까를 생각하네
이 두 가지 생각이 하나의 마음이거늘
녹차 향기에 머무는 것은 현상의 마음이요
물에 머무는 것은 본래의 마음이거니
이 둘의 마음 하나로 아우르면
그게 좋을까 하니 그렇게 살아갈까 하네.

한 생각

한 생각 머뭇거리니 마음이 심란하다
님이 이 한 생각 받아주지 않으면 누구와 나누랴
양손에 쥐고 있는 번뇌의 보따리
아무도 펼쳐보려 하지 않을 터.
나그네여,
쥔 양손을 미련 없이 펼쳐
그냥 발아래 놓고
확~ 차버릴까
창공에 한 마리 새 날아가네.

불성佛性

한마음 님 생각에 머무니
가을의 끝자락에 영성의 꽃 피어나네
천사와 마귀가 넘나드는 이 세상에
마음이 나약한 자 어느 손을 잡으려 할까.
나그네여,
천사와 마귀도 서로의 집에
다투어 왕래하며 머무나니
착함과 악함도 성령으로 씻어 삼키며
성찰과 번뇌의 길을 자유자재自由自在 하여볼거나.

인연因緣

가을 바닷가에 인파人波의 흔적 물거품에 씻기어가고
갈매기는 목조木鳥인양 파도를 타고 넘실대고 있네
백사장을 홀로 걸으니 억겁의 인연이 밀려와
파도 소리 위에 반짝이는 생명의 빛을 보네.
나그네,
늦가을 바람이 옷깃을 붙잡으니
행여 임 따라 오는가 뒤돌아보네.
스러져갈 백사장에 발자국이 비틀거리니
수평선 넘어 또 한 인연의 섬이 손짓을 하네.

진리의 향기

선행과 악행 앞에
부처가 살았는가 했더니 죽고
마왕도 죽었는가 했더니 살고
따르는 중생도 그렇고 그러하네.
나그네,
사는 자, 죽는 자 없으니
그 아무 데나 따르지 않으면 되려나
아무것도 없으니 사는 것도 죽음도 없을 터
오직 진리의 향기만 풍기고 있네.

무언無言

뭐 하러 사느냐고 오가는 이 물어 오니
웃고 아무 말 없으니 또 물어보네
산천의 들국화가 바람결에 흔들거리니
그 누가 그 정을 또다시 물어볼거나
뭉게구름 바람에 제 모습 들추어 내나
진정 한마디 말없이 흐르는 듯하네.

초발심初發心

텅 빈 마음에 가을빛이 스미어 오는데
구름 거친 호숫가에 물오리가 날아오네.
님의 노래를 부르며 품은 듯 하였것만
연꽃이 가슴 열고 고운 얼굴 내밀고 있네.

연꽃이 행行이요, 그 열매가 결과라
진정 진심으로 수행하여 마음 챙김 하네.
마음 마음이 다 불심이라 하였건만
이 마음이 성불이요, 해인삼매 이러나.

진정 성불했는지는 내가 아직 모를 뿐
초발심이 정각이라 마음을 잘 썼음이네.
티끌 티끌이 다 법계요 곳곳이 다 실상 이러니
만상萬相이 일상一相이라 우주 만법이런가.

반야의 빛, 화엄의 빛

바람이 언뜻 부니 연꽃 향기 가슴에 녹아들고
구름 빛이 걷히니 별빛이 밤하늘을 가르고 있네
반야의 빛이 걸림 없이 하늘과 땅에 고요하니
한 폭의 그림 속에 낮달을 그려 넣고 있네.

아침 해 트고 나면 초승달이 떴으련만
사람들은 노을이 지고 나면 달떴다 하네
나그네, 반야와 화엄의 세척洗滌을 거치고 나면
일상一相의 빛이 만상萬相의 빛 됨을 알려나.

님의 향기

새벽길 거닐다가 풀 이슬 밟고 서서
어쩌자 손 내밀고 뜨는 해 붙잡는다
설레는 가슴 달래며 피어나는 님의 향기

비 그쳐 하늘빛이 하얗다가 푸르구나
이제야 님의 말씀 알 것도 하다 마는
그래도 미치지 못해 님의 손길 잡아보네.

사정단四正斷

나그네여 돌이켜 보라
인생살이 짧고도 긴 세월 속에

어찌 아직 생기지 않은 악惡의 씨 뉘 있으련만
살며 생각하며 삶 속에 자라지 않게 미리 챙김하고

어느새 나도 모르게 이미 생긴 악은 어찌하랴
오직 그 작은 싹을 아주 잘라 버리려 또 챙김 하며

그 많은 일 중에 아직 행하지 않은 선행 있거든
한 작은 일이라도 행하도록 챙김하고

한 작은 일 중에 남이야 알건 말건
이미 행한 작은 선행 있거든 더욱 챙김 하세 그려.

나그네여,
생활 중에 내 마음 먼저 다스려
선법善法을 자라게 하여 악법惡法을 멀리 여의려고 하면

망상의 집착에서 벗어나 미혹에 빠지지 않고
정도正道에 마음 두고 한 인생 살아가지 않겠는가.

사법인四法印

어둠이 밀치니 새벽을 부르고
잠을 깨어나니 행함을 부르네
집착을 끊고 착각을 버리니
이 또한 제행무상諸行無常의 티끌이네
허허, 이 것 봐라,
귀를 막고 듣고 또 듣고
눈을 감고 보고 또 보고 있네그려.

바람이 흐르니 나뭇잎 흔들리고
비구름이 그치니 해와 달 돋아나네
이것이 있고 없음에 저것이 있고 없나니
이 또한 제법무아諸法無我의 티끌垢이네
옳거니, 이것 바라,
한 인연을 잡고서도 나 있음을 모르면서
또 무슨 인연을 잡으려 하는가.

밤낮이 바뀜도 한낮 덧없음이요
본래 실체 없으니 허망함이라
그 가운데 인간 세상 나我 없고 고苦뿐이니
이 또한 일체개고一切皆苦라 하네
여보게, 이 사람아,
시간과 공간이 다 공허함인데
뭐 그리 붙잡으려 하는가
그 또한 괴로움뿐인데.

여기 나 있음에도 나 있다, 없다 하나니
괴로움의 반열이 불같이 타오르네
반야의 지혜로 그 불 불어 끄고 나면
상락아정常樂我淨에 머물러 열반적정涅槃寂靜 하려나.

허, 이것 바라,
삼법인이 모자라 또 무엇을 불렀는가
이 돌대가리여,
이 중에 하나도 깨침이 없거늘
어쩌자 이렇듯 늘어놓았는가
이 중에 하나라도 챙김 하여
아침을 맞이하고 저녁을 맞이하다 보면
그 어느 날 웃을 수 있으려니.

무주無住의 삶

산빛이 좋다 하나 해지면 잠들고 마네
이 몸은 어디에서 밝은 빛을 찾을거나
어젯밤 꿈길에 씻은 몸 청정淸淨하건만
뉘라서 이를 무어라 말할 수 없으니
이제 와 그 무량無量 소식 가름하지 않고
가누지도 않고 허망함을 알았으니
어쩌면 먼 발밑에서 진리의 빛을 보았을까.

해탈解脫

앞뜰에 쌓아놓은 비에 젖은 나뭇가지
모닥불도 아니건만 어쩌자 태우려 하나
타다 말고 연기만 풍기며 눈물만 핑핑 도니
그 무엇이 아쉬워 그 흔적을 남기려 함인가.

나그네여,
그래도 뭐 그리 못 잊어 그 흔적 안고서
인연의 수레바퀴에서 돌고 있는가
그 어디에도 흔적을 남기지 않으려 해도
이 어찌 범부凡夫의 생애에서 벗어날 수 있을까.

보나니,
그 연기 속에 타다 남은 나뭇가지
그 자취를 남기니 그 흔적을 어찌할꼬.

하나인 줄 알면

어제의 마음 오늘도 남아 있을까 하니
있고 없음을 자기도 모른다 하네
이 마음을 굴리고 또 굴려도 하나인 줄 알면
바닷가 모래알도 헤아릴 수 있다 하네.
나그네,
어제의 빚 오늘도 지고 가는가 하니
무겁고 가벼움을 자기도 모른다 하네
이 빚을 나누고 나누어도 하나인 줄 알면
한평생의 죗값도 갚을 수 있다 하네.

혜향慧香

이것저것 볼 때마다 더 큰 것을 생각하고
고통의 길 걸어오다 보면 편한 길 그리워하네
이제껏 살아오며 시시비비에 쌓여 왔건만
오늘에 사 분별없이 살자 하니 마음이 편안하네.
나그네,
오직 빈 가지처럼 자기 삶을 드러내며
부귀영화보다 지혜로운 삶에 더 보람을 찾네
삼가라, 남의 눈에 오르내리는 가식假飾의 삶
지혜에서 자비가 오나니 혜향이 아니런가.

불생불멸不生不滅

밤이라 잠을 자고 아침이라 깨어났으나
밤과 낮이 하나요, 변함이 없구나
잠도, 깨어남도 허공이니
또한, 하나이고 변함이 없네.

나 책장을 넘기며 생각하니 이 종이 한 장
먼지 한 톨 없앨 수 없는 것이 나의 존재이거늘
뭐 그리 대단하다고 자랑할 것 있으며,
뭘 안다고 내놓을 것 있는가.

나그네여,
생사와 열반이 평등하고
우주의 모든 것이 불생불멸不生不滅하다 하였으니
오직 진심은 소멸하지 않을 터
숲속엔 지금도 새싹이 돋아나고 있구려.

알음알이

산 위에 구름 희고
산속에 숲 푸르다
오가는 발길 따라
산중 문답 이어지니
나그네,
산새 소리 알 수 없고
산중 문답 알 수 없으니
흰 바람 몰아세워
침묵 속에 담아 볼거나.

청정淸淨

비가 이리도 긋지 않고 내리니
누구는 좋아하고 누구는 한탄하네
이 모든 것 받아들이는 마음이니
본래의 마음 안에 있는 대로 받아들이려 하네.
나그네,
살다 보니 진심에 망상妄想이 출렁이니
어리석은 범부凡夫라 하겠구나
한마음 청정淸淨하면 그 무엇 닦을 것도 없으니
온 세상이 청정하여 일체가 평등하고 부동하다 하네.

정향定香

바람은 성글성글 나뭇잎을 졸라대고
시냇물은 돌부리에 채이면서 곧잘 흐르고
들풀은 보란 듯이 자랄 대로 자라 무성하네.

주인은 밭풀을 골라서 뽑을 대로 뽑고
채소 다발 고를 대로 골라 묶어 내놓으니
장사꾼은 짐을 실은 대로 싣고 있네.

이 모두가 자기의 몫, 자기 본분을 다함이니
자기의 발밑을 잘 살펴 잘 챙기는 일
아, 헛됨 없이 지나온 시간을 돌이켜 보네.

그 모습이 안정되고 걸림 없으니
그 향기 또한 온몸에 그윽하여
이를 정향定香이라 이름할거나.

흰 점 하나

꽃바람 안고 밝아온 여명黎明의 빛
둥근 듯이 모난 듯이 밀려와
별자리 붙잡고 홀로 뒹굴며
차가운 마음을 어루만지네.
광명光明이여,
한 경계를 가리지 않고 비추니
그 무엇을 감출 것 있는가
어둠을 밝히는 팔만사천의 빛
한 글자로 이루어진 불광佛光이려나.
나그네 불광보조佛光普照의 빛 받으며
온 누리에 흰 점 하나 찍고 있네.

진리

나, 너
그리고 우리
우주 안에 있으나 없으나
존재하는 것

이 모든 것
오직 진리뿐
생명의 빛이
새 아침을 열고 있음이네.

생명의 빛

어제의 시시비비를 내일까지 몰고 가려 하느냐
청정한 마음 없으면 내 안에 고여 냄새만 풍기련만

아무리 옥구슬이 빛난다 해도 한여름 밤의 반딧불만 하랴
사람들은 허상에 사로잡혀 그 빛 취하려 끼웃대고 있네

감은 눈에 비추인 참 광명 삼라만상에 걸림 없이 비추니
그 빛 가슴끼리 나누고 깊이 품었구나

생명의 빛이었을까.

공양구供養具

손에든 서책을 청송靑松 가지에 걸쳐놓고
계곡물에 손을 씻고 산새 소리 듣고 있네.

입추의 바람은 하늘가에 청운靑雲을 띄워주니
나그네는 솟는 해를 공양구供養具로 바치고 있네.

생멸生滅

세상은 취하고 전등 불빛은 밤을 새우는데
새벽 별이 기우는 뒤에도
잠을 이루지 못하고 있구나
나그네여, 반야의 빛을 찾아 헤매고 있음인가.

이슬 맺힌 풀잎에 눈빛이 머무니
이 마음 아는지 모르는지 한 가닥 구름이 머뭇거리며
산봉우리마다 꽃을 피우고 있구나
나그네여, 이 현상을 뭐라 할 거나.

선견先見

사람들이 차 안에 가만히 앉아
세상을 왔다 갔다 하니
나그네는 방안에 조용히 앉아
천상의 세계를 드나들고 있구나.

비구름이 산봉우리에 앉아
하늘가를 가렸다 펼쳤다 하니
나그네는 멀리 숲속을 바라보며
한 동자가 스승 따라감을 보고 있구나.

불입문자不立文字

잠에 몰려 늦잠을 잤어도
새벽은 밝아오고
비가 내려도
새소리는 이어지고 있구나.
나그네,
시력이 밝지 않아도
님을 찾아보고
법문法文을 말하지 않아도
님은 고개를 끄덕이고 있네.

분별 망상에서 벗어나

'이것'이냐 '저것'이냐 자꾸 물어오더니
'이것' '저것' 서로 모습을 드러내더니만
'이것' '저것' 서로 이름이 사라지더이다
어떤 지혜나 도리道理를 새로이 얻음도 없이.
나그네,
망상의 잠에 취해 한밤을 지새우다가
밝은 빛줄기에 눈을 비비니
분별 망상에서 벗어나더이다
본래의 마음이 밝아옴일까.

원음原音

어제의 일들이 눈가에 아른거리니
집착과 망념이 눈짓하는구나

언제쯤 이 생각을 놓아 버리고
맑고 청정하고 깨끗하다 할 거나

새벽길에 내린 빛 달빛인지 햇빛인지
미소와 침묵을 함께 머금었네

가슴에 연꽃 한 송이 피워 내나니
이 아침을 깨우는 향음이 그윽하구나

거닐고 거닐면서 속마음을 비어내니
어디서 또 한 향기 피어오르네

그 향기에 물들지 않고 나 그냥 바라보니
올곧게 우주의 원음을 깨닫게 함이네.

불이不二

시간,
찰나로 바라보니 찰나이더니
영겁으로 바라보니 영겁이더이다.
시간,
있다고 바라보니 흘러가더니
없다고 바라보니 영원하더이다.
나그네,
있음과 없음도 다 내 안의 것
시간 속에서
찰나와 영원은 불이不二이더이다.

관음觀音

범종 소리에 삼라만상이 눈을 뜨고
풍경 소리에 새소리 이어지네
해지는 소리에 달뜨는 소리 이어지고
촛불 타는 소리에 해탈의 향기 이어지네.
나그네,
있고 없음을 생각지 않고
한 소리 들으며 세상을 바라보니
우주의 걸림 없는 흐름 속에서
생멸의 울림을 듣고 있네.

반야의 소리

감기운 눈 비비며 뒤뜰을 거니니
흰나비 접시꽃잎에 속삭이고 있네.
나그네,
햇살 내리는 소리 내 가슴에 흐르니
진언眞言의 소리와 고요히 동행하고 있네.

웬, 아상我相

장미원에 들렸더니 꽃 향에 마음이 머물고
하루 일 마치고 나선 품삯을 셈하네
즐거움과 품삯에 헤어나지 못하니
욕심으로 세워진 아상의 흔적일까.
나그네,
꽃 향도 품삯도 내 앞에 드러나니
이 또한 부끄러운 일이런가
일마다 욕심을 비우라 하였으니
원력을 세워 서원의 향기 피워볼거나.

자유자재 自由自在

생로병사여,
너는 어찌하여 '있음'으로 다가와 내 앞에 서 있나
사람들은 널 벗어나려 감각적인 것들을 먼저 찾는구나
있다고 하는 그것이 바로
망상에서 비롯되는 그림자일 테니
쾌락적인 것도, 염세적인 것도 벗어나려 하네.

어슬렁대는 생로병사여,
너는 '있다' '없다'가 아닌
그냥 '없음' 無이나니
해탈의 향기 일거나
변화하는 우주의 질서 일거나.

그래도 세상에는 모든 것이 '있음'으로 오나니
모두가 부질없는 것, 이를 어찌할거나
그래도 황혼길 걷고 있는 나그네
그 무엇에도 걸림이 없고 끌려다니지 않으니
오직 자유자재하단 말인가.

소리 내어 내린 밤비 목이 메어 그치었나
구름 걷힌 소리에 한 가락 띄워놓고
나그네, 밤비 모아 탐진치 씻어내니
심중에 청강 淸江 이루어 유유히 흐르고 있구나.

수행修行

산길 오르는데 사람 소리 들리지 않고
새소리 바람 소리만 들리네
동자를 만나 빨리 가는 길을 물었건만
얼마를 오르다 또 갈길 몰라 하네.
나그네,
산속에 있는 길 산새들도 다 아는 길
이 길이면 어떻고 저 길이면 어쩌랴
빨리 가고 늦게 가는 마음 내려놓고
암자에 앉아 지팡이만 두들기고 있네.

성화聖化의 길

간밤에 비가 내리니 어두운 땅이 열리고
아침에 햇살이 내리니 밝은 그림자를 머금네
창가에 바람이 건듯 부니 구름이 흐르고
마음눈 감고 합장하니 모든 인연을 바라보네.
나그네,
이 모두가 무량한 광명의 빛이런가
일체 인연의 은혜에 감사함이네
하염없이 보은하는 회향의 길 걸어가니
이 또한 모든 것이 성화聖化의 길 일거나.

자성의 향기

달과 해를 통해 우주의 있음을 알아보고
너를 통해 나의 있음을 알아보네
오늘은 무엇으로 나의 삶을 세워
번뇌의 굴레를 벗어나 볼거나.

이 일은 그 누가 대신해 주지도 못하고
가르쳐 주지도 못할 것
그렇다고 허송세월하면서
남의 그림자만 밟고 갈 수만은 없지 않은가.

남의 흉내를 낸다는 것
성인의 흉내를 낸다는 것
이 모두가 자성을 찾지 못하거늘
나 지금 어디를 헤매고 있는가.

나그네,
여명의 빛 따라 자성의 향기가 그윽한 새벽
나를 살피고 무엇을 행할까 생각해 보네
삶 자체가 모두 내게 달린 참 생명이니
모든 것 또한 내 알아차림의 몫이네.

진여眞如

천지 우주의 만상이여
우주 만물의 순행이여
일상이 삼매요 일행이 삼매이니
어느 것 하나 진여가 아닌 것 없구나.
나그네,
법문을 모르나 모두가 절로절로 들려오고
일마다 생각을 끊임없이 바라보니
만상이 불법이요 관음인가
자아의 안과 밖을 비추인 진여인가 하네.

참 인연

숲 푸르고 푸르니 그 뜻 무궁하고
물 맑고 맑으니 그 흐름 청정하구나
자비 광명이 온 누리에 두루두루 비추고
연꽃이 연못에서 고요히 피어남이네.
나그네,
닫힌 마음 여니 그 뜻 홀가분하고
하는 일 걸림 없으니 그 일 당당하구나
진언眞言이 서로의 가슴에 바람 없이 나누고
사랑이 용서에서 화해와 일치로 만남이네.

인과응보因果應報

그대는 어찌하여 무얼 비추어 보라 하는가
있는 그대로를 비추어 보았건만 아무것도 보이지 않네.

내 안에 본래 아무것도 없었거늘
이제 와 찾아본들 무엇이 더 있겠는가.

세인世人으로 이제껏 살아왔으니 무엇이라도 묻어있겠지
이를 씻고 버리려 해도 또한 버릴 곳이 없구나.

나그네, 인과응보라
나 너 앞에 흔들림 없고 걸림도 없이
항상 기쁘고 깨끗한 마음으로 살아볼거나.

우주 만물이 서로 하나같이 되나니
내 인생, 서로서로 자연과 더불어 살아가려네.

무문무답 無問無答

살구나무에 찾아온 참새가 뭐라 묻고 있으나
주인은 김을 매며 땀만 씻어내고 있네
밤새에 살구가 얼마만큼 익었나 하니
노을빛 따라 익어간 구름만 바라보네.
나그네,
비 온 뒤라 그 익은 빛을 알 수 없으나
보살핌을 그치지 않으니 참 주인이런가
열매의 익음을 바람이 살랑살랑 건드리나
빛 따라 날아가는 참새만 바라볼 뿐이네.

마음은 무일물 無一物

본래 아무것도 없는 곳에 무엇이 비치니
어떤 형체가 나타나는 것 같구나
그 물체가 사라지니 아무것도 남지 않건만
사라졌다 하여서 없어진 것도 없고
비쳤다 하여 새롭게 태어난 것도 없구나.

본래 인간의 마음이야 아무것도 없어
무일물 無一物 이건만
미혹에 빠진 자아 만족이나 집착으로
내 것으로 만들려는 허상의 향기에 취해
본래 '없음'을 '있다'라고 생각하는구나.

한마음

산다는 것에 얽매여 바쁜 일 하는구나
이것마저 못하면 사는 것도 아니라
탐진치가 넘친 이 한 몸 걸쳐 매고
있는 몸을 잊으려고 눈을 감아보네.

창틈에 끼웃대는 바람에 촛불이 흔들려도
행여 꺼질까 초조하거나 염려하려 않고
삼계三界의 밝음도 어둠도 생각지 않으니
언덕 위에 돋아난 새싹이 푸르기만 하네.

나그네,
죽고 사는 것을 덧없다 생각지 않고
원력을 세워 한마음으로 나아가니
세상의 짐 무겁다 하나 님 향한 마음 변함없으니
돌담 아래 달빛 속 가슴을 기웃대고 있네.

정도正道

여명의 빛이 열리니 길 떠나려 하나
발걸음은 마음을 따르지 못하고
마음은 발걸음을 탓하지 못하네.

여태껏 앞 발자국 따라 왔건만
비틀거린 발걸음 고치지 못하고
들뜬 마음도 다스리지 못했네.

어쩌자 한 빛을 보고 잠 깨어나니
마음과 발걸음이 불이不二하도다
나그네, 이제 바른길 찾아 걸어가려네.

무착無着

한 가닥 그림자가 눈앞을 안고 도는데
어느 빛에 나뭇가지 푸른 잎을 피웠을까
이 숲속에 날아든 새들도 잠을 자는데
세상 것 뭐 그리 마음 담아 두려 하는가.
나그네여,
계절 따라 만상이 변하는 것 무착이련만
사람은 어찌하여 집착을 비우지 못하고
걸친 옷만 자꾸 바꿔 입으려 하는가
진언眞言의 향기 있거든 뿌리 고나 가소서.

무재칠시 無財七施

인생이 어쩌자 공적空寂한 삶이라 하는가
그래도 살만한 보람이 있는 것 같은데
왜 자꾸만 막힘이 있다 하는가
걸림에 걸어 체인 다 하는가

스승은 조금만 베풀면 모두가 풀린다 하시니
내 안의 품은 베풀 것 있거든 내어주게나

인생이 공적空寂한 삶이라 하지만
그래도 살아가면서 세상의 일이 풀리지 않거든
스승은 남에게 베풀라 하시네

살아가기도 힘든 터라 어떠합니까
또 스승은 아무렴,
너 안에 가득한 칠시七施*를 아끼지 말라 하시네.

* 칠시
  화안시(和顔施) : 환한 얼굴로 남을 대하는 것
  언시(言施) : 따뜻하고 진심어린 말을 하는 것
  심시(心施) : 따뜻한 마음을 주는 것
  안시(眼施) : 온화하고 따뜻한 눈길로 보는 것
  신시(身施) : 자신의 육체로 보람된 일을 하는 것
  좌시(座施) : 앉은 자리를 양보하는 것
  찰시(察施) : 상대의 마음을 헤아려 알아서 도와주는 것

청정심清淨心

일몰이 아쉬운가
생멸이 아닐 진데

마음이 호젓하니
별빛이 머물려나

하늘에
구름 걷히니
마음도 하늘이네.

꽃 핀다 좋아 마라
꽃 진다 설워 마라

꽃 피고 꽃 지는 것
영겁의 몸짓인걸

마음을
던지고 나니
꽃 없어도 향기이네.

무애자재 無碍自在

비가 와 시냇물은 노래하며 흐르고
해 돋으니 안개가 춤을 추며 오르네

육십갑자 넘나드니 노소가 함께하고
이 한마음 비우고 나니 고요하고 평화롭구나.

나그네,
폭풍우 몰아쳐도 소나무는 더욱더 푸르르고
폭포수 떨어져도 산새들은 덩달아 노래하네

부귀영화 탐내다 보니 내 짐만 무거워지더니만
발아래 보고 가니 발걸음이 걸림 없고 자유롭구려.

선경 仙境

서산에 노을빛 내리니 산새가 하늘을 날아가고
나그네 발길 들어서니 티도 옥도 간데없네.
나그네,
여기가 무슨 도량인가 하늘 끝에 연등만 걸려있고
달빛 아래 한시름 나누려 님괴 함께 차 한 잔 나누고 있네.

무답無答

맑은 하늘에 백로가 날고
맑은 물에 물고기가 노닐고
땅 위엔 나그네가 거닐고 있구나
백로는 하늘을 잘 알고 물고기는 물길을 잘 아는데
나그네여, 그대는 세상 길을 얼마나 아는가.

백로는 물길도 알아 물고기를 잡는 건가
물고기는 하늘을 몰라 날것을 잡지 않는 건가
나그네여, 그대는 어쩌자 노래하며 가는가
우주의 삼라만상이 내 집인 것을
그 무엇 탐할까, 그냥 노래하며 걷고 있네.

본향本鄕

나그네 가는 산천이 푸르고 맑으니
산새가 먼저와 나를 반기네
여기가 어디인가 물어볼거나
내가 머물고 싶은 본향이런가.
나그네,
산 그림자 호수 안에 머물고 싶었나
바람이 건듯 부니 한량무를 추고 있네
깊은 밤 별빛 따라 마음빛 머무는 곳
구름 거친 첩첩산중을 훨훨 날아볼거나.

보시布施

유월의 햇살 아래 숨소리도 가쁜데
살구는 푸른 잎 머금고서 익어가네
그늘 아래서 동자童子의 눈빛도 익어 간데
이 마음은 언제 익어내어 보시布施할거나.
나그네,
덥다, 장마다 말 많은 계절
시냇물은 쌓인 먼지 씻어내네
동자는 부채 들고 아기 잠재우는데
이 몸은 모깃불 피우며 눈만 비비네.

동체대비同體大悲

두 손 모아 합장하여 여명의 빛 불러놓고
서원한 몸으로 공양구供養具를 삼고 있네.
마음 안에 부글거린 탐진치貪瞋痴를 버리니
자비大悲의 향기 온 누리十方에 피어나네.
나그네,
두 손 모은 마음 안에 한 소망 올려놓고
기쁨도 슬픔도 함께 나누고 있네.
우주 만상이 한 몸이기에 한 이치 깨치면
이 몸도 부처와 함께한 동체대비라 하려나.

응병여약應病與藥

간밤에 사과 잎을 병충해가 갉아대니
농부들의 손길 발길 허둥대며 부산하네
이리저리 살펴보고 시들잖은 잎 있거든
여보게, 이렇게 하면 좀이나 좋겠는가.
나그네,
한 생명 앞에 질병으로 어려움이 생기면
의인醫人이 아니라도 그에 합당한 처방 찾지 않겠는가
하물며 의인이야 심혈을 기울리 터
그 가운데 흐르는 힘 불심佛心과 여여함이네.

때가 되면

광야에 힘이 마르니 생명이 도망을 치는구나
때가 되어 물이 흐르면 숨소리도 돌아오겠지.

세상의 힘이 진실을 잠시 이길 수 있어 몰아가지만
가장 절실한 때에 그 진실 드러남을 어찌할 수 있으랴.

대자연에 합체의 기운이 있어 현상의 빛을 밝히듯이
마음 안에 절실한 서원을 세워 진언의 빛을 밝혀볼거나.

무애자재無碍自在 · 2

나 너에게 머무르지 않고 너르니自由自在
그러함如如이로구나
가도 가도 끝이 없는 그 자리이고
이르고 이르러도 또한 처음 자리이니
스승은 자비와 지혜의 삶 베풀고
무애자재하고 청정淸淨하다 하는구나
어쩌자, 고향의 동산에 가뭄 비 불러놓고
메마른 땅에 물꼬를 내며 고요하다 하는가.

입지立地

간밤에 쌓인 티끌 손바닥으로 닦아내어
티끌 안에서 우주의 인연을 만져보네.

모든 것 다 연생연멸 한다 해도
그래도 다 나름의 설 자리가 있을 것.

나, 언제까지 끈을 잡고 헤매려나
이제 본래의 설 자리立地 찾아 고요함을 찾네.

대 자유인

한 말씀 드릴까요
네, 말씀하세요
마음이 바로 부처라 할 수 있습니까
그렇소이다
그럼
마음이 없으니 부처도 없다 할 수 있습니까
그렇소이다.

나그네,
아니, 그럼
없는 것을 있다 하고
있는 것을 없다 하니
이 어찌 받아들이라는 말씀입니까
아니지요. 나 아직
둘 다 아무것도 아니니 구求하지 않으려 하네.

허망하다 마라

원래의 내 집으로 다시 돌아와
세상을 돌아돌아 모든 만남 거치고
지난날 모든 것 허망하다 하건만
그래도 살아 있는 한 삶의 갈무리는 해야겠지

허어, 나그네여,
범소유상凡所有相 개시허망皆是虛妄이라했던가
무릇 상이 있는 모든 것은
모두 다 허망하고 허망하다 하지만

한 찰라의 깨침도,
한 이룸成도 모두 다 허망하다 하면
어찌 이 세상,
삼라만상, 그리고 중생을 구제한다 하랴.

이 사람아, 무릇 상이
아무리 빛살에 사라지는 아침 안개와 같다지만
존재의 현상을 탓하기보다
그 현상을 보고 일으킨 미혹함이 허망함이니
나를 얽어맨 경계보다
내 안의 마음 먼저 다스려 보게나.

나의 자성自性

사계절 빛 따라 세상이 변하기에
명산이 아니라도 찾고 싶은 강산,
어디에나 도량 아닌 곳이 없어
내 머문 곳에 그 보배가 있으니
어딜 찾아 헤매는가.

온 세상에 헤매이지 않은
낮고 낮은 주인이 되고 싶어
망견妄見을 버리고 지혜의 눈 붙잡으려 하건만
운수행각雲水行脚은 마음뿐
어둔 밤 눈길에 발길이 멈췄네.

매섭고 찬 창밖,
분란한 눈발을 바라보며
스스로에게 매여 있는 아집我執을 버리고
한 서원심誓願心을 일으키어 원력을 세워
좋은 마음, 밝은 마음, 넓은 마음을
걸림 없이 내어 쓰는 발심發心을 하니
두려움과 부끄러움이 없구나.

나그네여,
현세의 행위가 곧 업業이 되니
오늘의 삶을 성찰하여 좁은 마음을 버리고
어디에나, 누구에나 자성自性이 있지만
나의 자성이 가장 고귀한
깨달음의 실체임을 알아 챙김 하려네.

심허 心虛

절벽 틈에 자란 소나무 하도 좋아
소나무의 절경을 마음 안에 담아 왔네
집에 와 소나무를 그리려 화선지를 펼쳤지만
마음의 향기는 그윽한데 점 하나 찍지도 못했네.
나그네여,
촛불 밝혀 팔만사천의 법문을 다 본다 한들
한 말씀 담을 마음이 허황虛荒하고
님 마음 내 안에 없으니
어찌 진여의 빛을 볼 수 있으랴.

한 경계 境界

봄 향기 따라 기쁜 소식 오는가 했더니 가고
꽃동산에 머물러 쉬는가 했더니 잠이 들었네
한 생각 비워놓고 홀로 아득한 길 걸어가니
또 한 생각이 밀려와 물길 따라 흐르네.
나그네여,
가다가 한 경계에 부딪히거든
얻고자 하고픈 마음 비워놓고
밤길 어둠고 멀다 탓하지 말고
어두운 밤길에 등불 하나 밝혀보게나.

심상心相

구름 낀 봄빛은 산야에 머물고
숲속의 새들은 산촌을 날고 있네

밤비가 버려지듯, 베푸는 듯 내리니
어둠을 걸치고 빗소리만 삼키고 있네

창틈을 흔들어 대는 바람 소리 이어지나
빈방에 켜놓은 촛불은 흔들림이 없네

내 안에 내 한 몫도 가진 것 없으니
마음의 그림자만 무심코 바라보고 있네

심상心相은 법상法相이 자리한 마음의 뿌리이리니
버려진 돌밭인들 깊고 바르게 뻗으려 하네.

지혜의 빛 앞에

깊은 밤을 깨우는 여명黎明의 빛 새날을 여니
어둠을 삼킨 범종 소리에 내 그림자를 밟고 서 있네
이제 구름 걷히고 나면 하늘빛 더욱 높고 푸르리니
홀연히 비추인 산 그림자에 산새들도 날아오네.
나그네,
밤을 밝히는 등불도 아침이 되면 거두어 두나니
세상에 널린 알음알이 한 깨침 앞에 티끌 같도다
본래 빛은 밝고 어둠을 넘어 한결같음이니
지혜의 빛 앞에 번뇌 망상은 아침 안개 같아라.

빛의 묘용

만물이 생멸生滅함은 빛의 묘용이요,
시절 인연이 오고 감은 빛의 신비이네
그 빛은 청성한 님의 얼굴이요
끝없이 비추는 중생의 등불이네.
나그네,
인간 만사에 마음물이 청아하게 흐르니
온 누리에 더욱 푸른빛으로 비추네
그 빛은 이지러지지 않음이니
허공의 그림자를 삼키는 반야의 빛이네.

원래는

하늘엔 원래 주인이 한분이시나 땅엔 다투어 주인이라 외치니
진리의 빛은 한 말씀뿐이나 거짓의 말이 난무함과 같음이라.
세상엔 원래 주인이 없어 큰 칼 가는 소리 밤낮을 깨우니
마치 눈보라 휘날리는 골짜기에 호랑이 떼가 나타남이네.
나그네,
하늘엔 원래 청정하여 한 빛이 있어 밤과 낮이 일어나니
바다가 깊고 맑아 해와 달을 머금었다 토했다 함과 같음이라.
세상은 원래 참 이었으나 유혹의 숨결로 악의 불길이 타올라
마치 좋은 씨 뿌린 땅에 몰래 뿌린 가라지가 자라남과 같네.

선심禪心

네온싸인의 거리에 유혹이 휘청대는 밤
망상과 잡념 가운데 깨어 있으려 하나
깊은 밤 촛불 켜놓고
고요하고 평온한 가운데 졸고 있으니
어느 것 하나 쓸모가 없구나.
나그네,
밤과 낮을 안고, 시절 인연을 품고
여유롭고 부드러운 마음으로
한 고요를 찾아 깨어 있음이니
적적성성寂寂惺惺, 성성적적惺惺寂寂이런가.

한 화두話頭 머금고

한겨울 흰 달빛이 산야에 내리고
찬바람은 골짜기를 타고 산촌에 머무는데
나그네는 눈길 걸으며
마음 안의 님을 내어 만나니
그의 진리를 맘껏 내어 쓰라 하네.

오직 진리 앞에 믿음 하나 있으니
새들이 하늘을 날듯이
걸림 없이 거닐어 가려 하나
아무것도 알 수 없어 하늘만 보네.

나그네,
아무것도 모르는 화두 앞에
의심만 가득하니
이 간절함이 화두와 하나 되는 날
마음자리 공허함을 알 수 있으려나.

염화미소拈花微笑의 향기

'있다'라는 것은 무엇이 얼마나 있음이며
'없다'라는 것은 무엇이 얼마나 없음인가
있고 없음이 한갓 내 마음 안의 허공과 같네
손 내밀어도 한 티끌이 있는지 없는지 모르고
구름이 하늘을 가려도 새들은 하늘을 날고 있네.
나그네여,
억겁의 업장을 넘어온 무연無緣
이 모두가 마음 안의 일이니
염화미소의 향기가 한 말씀으로 피어나
반야의 빛 따라 중생의 도량에 녹아나고 있음인가
이 몸도 이 세상에 한 보시로 녹아내리게 하려네.

진리의 빛 비추면

촛불에 초발심이 젖어 법향은 방안에 가득한데
정작 알아야할 법문은 귀먹고 눈멀어 버렸나
진작 거짓됨을 알아차려 물들지 말 것이지
어쩌자 발길을 잘못 들어 늪에 빠지고 말았는가.
나그네,
본래 품은 바른 뜻 바른 생각은 어디 가고
유혹의 어둠 속에 묻혀 꼬리를 감추게 되었나
지금 비록 새움 돋는 시절은 아니지만
진리의 빛 비추면 진정 새잎 강산에 가득 돋아나리.

한 음성音聲

한 말씀으로 내 생애의 길을 찾으면서
외로운 영혼은 수만 리를 돌아왔네
눈뜨고 감은 눈을 알아보는 이 드무니
잠 깨어 촛불을 밝히며 한 음성을 듣네.
나그네,
한 말씀을 모른다 해도 듣는 이 들리나니
그 음성은 원대하고 청정하여 무한하다네
귀 열고 음성을 들으려 하는 이 많아도
영의 빛이 없는 이 갈 길을 묻고 있네.

진여眞如의 새움

원래 불성은 현묘하여 그 모양을 볼 수 없고
법의 성품은 고요하여 달빛 안고 흐르고 있네
모양이 없으니 무어라 부를 수는 없으나
지혜의 빛 따라 밝아 오니 그 경계를 생각하여 보네.
나그네,
거룩한 법 갈무리한 해인삼매 헤아릴 수 없으니
시작도 끝도 없는 중도中道의 자리 챙김할 뿐이네
봄비 내리듯 온 누리에 법우法雨 내리니
중생들의 가슴 밭에 진여眞如의 새움 돋아나네.

한 말씀이여, 한 현상이여

인간사 번뇌로 가득함이 비 오는 날 구름 같으니
높고 푸른 하늘빛은 가려있고
이 네 몸은 세상살이에 묻혀 있네.
나그네,
천지창조의 한 말씀이여, 만유생멸의 한 현상이여
그 누가 그 말씀 새기며 전하고
그 어느 때 그 현상 바로 알까 하네.
나그네여!
저 하늘의 구름 걷히거든 이네 마음 돌이켜 보라
내 작은 마음 안에 밝은 빛 있으리니
하늘과 땅엔 구원의 빛 영광의 노래 가득하리라.

진정한 의심

하늘을 보고 땅을 보고 사람을 보며
만상을 의심의 의심 눈으로 바라보니
탐욕과 증오와 무지로 뭉친 집착 부수고
만상이 낙수 되어 한 돌을 뚫고 있네.
나그네,
보이는 것 들리는 것 두루두루 살피다가
만상을 믿음의 믿음으로 마음 점 찍고
한 주먹 휘두르며 내뱉는 한 소리에
눈 덮인 소나무(화두)가 타오르고 있네.

업보는 업보를 품고

초여름 밤눈 깜짝할 사이 지난 생이 스치어가고
앵두는 붉은 사랑을 품고 달은 그리움을 녹아낸다
면학정엔 시문 읊조리는 소리와 웃음소리 고요하고
모깃불 피우는 뒤뜰 살구 떨어지는 소리만 흐른다.
나그네,
별빛 내린 밤 인생의 업보 헤아리기 어려우니
지난 업보는 바람을 품고 오늘의 업보는 그림자를 밟고 있다
정원 숲속엔 잡새 소리와 꿀벌들의 소리 고요하고
업보는 업보를 품고 벌써 가을빛 열매를 기다리고 있다.

말씀

어리석은 자 참됨을 참됨인 줄 모르나니
기름 없는 등잔을 밝히려 함과 무엇이 다르겠는가
하늘과 땅을 밝히는 빛의 선물이여,
믿음 안에 싹튼 말씀이라 시들지 않음이네.
나그네,
배부른 자 굶주림이 고달픔인 줄 모르나니
바퀴 없는 수레를 끌고 가라 하는구나
땅끝 넘어 또한 세상까지 밝히는 생명의 빛이여,
소망 안에 솟아난 말씀이라 목마르지 않음이네.

일여一如

하늘은 하늘이 열고
땅은 땅이 열고 있는가 했더니
하늘과 땅이 서로를 열어주고 있으니
하나인 듯하구나.

나는 나이고 너는 너다 했더니
서로의 마음을 나눌 수 있으니
하나인 듯하구나.

하늘과 땅,
너와 나는
각각 내 분별을 위한 존재일 뿐이네.

중생을 부처라 할 수 없으나
중생은 부처가 될 수 있으니
이 또한 일여一如일거나.

나그네여,
그렇다고 행여 부처의 옷을 훔쳐 입고
세상을 현란케 하지는 말게나
부처는 부처가 분명한데 그림자 없는 나무로구나.

그 자리

사랑도 못다 한 세상에
미움을 찾아 무엇 하리
있음도 없음도 다 알지 못하니
무霧아닌 무無이네.

이제 그 누구의 눈빛에도
빗나감이 없음이니
안과 밖의 성품은
본래 하나 됨을 따름이네.

나그네,
참과 거짓도
본래 분별이 없음이니
있음과 없음도
다 마음 안의 티끌이네.

이제 이 티끌 닦아내어
지혜의 빛 비추리니
참과 거짓을 다 버리면
그 자리가 진리이네.

내 마음의 그릇

밤빛이 아른거린 고요한 새벽
눈을 감고 두 손을 모으고 모았다가
양손을 옆으로 나비인 양 펴놓고 있네.

내 앞에 무엇이 있는지도 모르고
내 마음이 무엇인지도 모르지만
내 마음을 숨김없이 펴 보이고 있네.

누구에게 보이려고 함도 아니고
누가 보고 있는지도 모르지만
한 생각의 찰나에 무량겁을 넘나들고 있네.

나그네여,
이 모든 것 마음에 흐르는 망상일까
그래도 내 마음의 그릇 만큼
진여의 성품을 담을 수 있으려나.

별빛 내리는 밤

달 밝은 밤에는 구름이 없음이여
그 어둠 속에 별이 머물면서
고요하고 한가롭게 반짝이나니
고뇌와 번뇌는 다 녹아내렸네.
나그네여,
높고 먼 이길 본다고 다 알 수 없나니
아는 만큼 볼 수 있음을 명심하라네
반딧불 별빛인 듯 밤하늘을 지켜보지만
어린이들마저 헛발 디딜까 그림자를 보네.

참뜻眞意

절기가 바뀌면 강산의 풀잎도 제 모습 보이고
민심이 바뀌면 세상의 소리도 제 뜻을 높이네
시끄러움 귀찮아하면 어찌 고요함을 알 수 있으며
긴긴밤 잠 못 이루면 무슨 꿈을 꿀 수 있으랴.
나그네,
만상이 제모습 보이건만 제대로 보는 이 없고
세상이 제소리 높이건만 참뜻을 밝힐 줄 모르네.
고요함이 참 침묵이거늘 그 속마음 외침을 모르고
민심이 원래 진실이거늘 창밖의 그림자만 보고 있네.

2부

깨우침의 울림

자비의 향기

한 사랑이 뭉치니 한 자비가 되더니만
한 자비를 베푸니 한 사랑이 익어가네
두 손을 내밀고 웃음 짓는 얼굴로
의구심을 둥근 화두 속에 꽃향기로 피워보리.
나그네,
하늘과 땅 어느 곳에도 한 그림자 따르고
대자연의 힘이 제아무리 크다지만
자비의 향기는 그림자 없고
무량의 힘 넘치니 이 또한 웃는 얼굴이네.

해탈의 향기 따라

사계의 빛 따라 꽃향기 피어나고
세상의 인연 따라 법향기 피어난다
벌, 나비 만나 한 열매 맺고
한 인연 만나 한 사랑 맺고 있다.
나그네,
빛 따라 인연 따라 한마음 내어주고
반야의 빛 따라 해탈의 향기 피어난다
살며 만난 한 말씀의 빛
선업善業이든 악업惡業이든 불사르고 있다.

한마음 비우니

가을빛 아래 색깔도 향기도 가지가지지만
스트레스가 틔운 만병의 싹, 활개를 펴는구나
누구와 대화를 나누고 싶고
실컷 잠이라도 자고 싶은데 어찌할꼬!
나그네,
할 일, 할 말 있으면 망설이지 말고
기도하듯 거침없이 하라 하네
가을빛이 뿌린 대로 거둔 것처럼
한마음 비우니 번뇌 망상을 그믐달이 담고 가네.

맑은 샘물

해와 달은 한사코 하늘을 밝히려 한데
구름아 어쩌자 하늘을 가리려 하느냐
하늘법, 만법은 세상을 밝히려 한데
사람아, 무엇이 그리 두렵고 못마땅 하느냐.
나그네,
높고 높은 이 계절에 무슨 할 일이야
마음에 담고 싶은 것이야 없으랴만
광야에서 한없이 솟아오른 맑은 샘물
모든 것 다 잊고 별빛 담아 마시려 하네.

산책길에

가을바람 건듯 불어 시냇가를 거니니
달빛은 흐리고 별빛마저 먼데
가로등이 앞서거니 뒤서거니 따라오며
추억의 발길을 밝히고 있네.
나그네,
풀잎마다 가지마다 달빛 머무니
풀벌레의 밀어에 마음 설레어
살며 맺어온 좋은 인연 그려보며
한 그리움으로 익어내고 있네.

소리 따라

골짜기에 흐르는 물은 흥겨워 시문을 읊고
산새는 잠든 법문을 깨워 한입 물고 나르고 있네
하품 소리에 아침 햇살은 지지 개를 켜고
시절 인연은 소리 따라 붉은 가슴으로 타오르고 있네.
나그네여,
한 갑자를 다하도록 여태 헛일만 꾸무럭거렸다고
우습다 비웃지 말아라
소리 따라 사는 것이 인생이 아니더냐
그 기쁜 소식에 온 누리가 하나 되었으면 지족知足하지
않겠나.

해탈의 길

어두운 밤 골방에서
문을 찾지 못하고
밤새도록 벽에 몸만 부딪치고 헤매니
이를 어찌할꼬

한평생을
쌓인 책장을 넘겨본들
감사하다는 한마디만 못하니
언제 해탈의 길 걸어가리.

님 찾아가는 길

냇가에 흰 달뜨고 가로수가 잠든 밤
낙엽의 속삭임에 나그네는 잠 못 드네.
님 만남 앞에는 세월도 기약도 없어
디딤돌 어디 있느냐고 찾고 있네.
나그네여,
시절 인연에 메여 별 헤는 밤
있음과 없음도 다 허상이라 하지만
마음 안에 님 있을 터
어디에서 무얼 찾으려 하는가.

성찰의 삶

세상을 의미 있게 살아간다는 것은
한데 어울린 삶 가운데
스스로의 성찰을 통해
성숙한 사람들이 만들어 낸 것

스스로를 되돌아본다는 것은
안다는 것을 알음알이에 머물지 않고
지혜로움으로 승화된
성찰의 열매를 맺음이니

우주의 삼라만상은 空 안에 한 點
그 점 위에 인간이 살아간다는 것은
한 선을 긋기 위한 위대한 성찰
자연과 인간을 아우르는 포용의 마음이려나.

환영幻影의 삶

가을의 향기 속에 놀아난 일들
그때 본 일 아무것도 잡을 수 없으니
듣고 나눈 말들도 모두 사라지고
오늘 보고 듣는 일도 모두가 환영幻影이런가.
나그네,
환영은 허공의 꽃이요, 꿈속의 일과 같은 것
번뇌 망상을 조금이라도 비운 청정한 마음 되면
이 한 세상이 진정 공空함을 알게 되려나
아침 하늘을 까치 한 마리 날고 있구나.

부채 상相

대 조각 골라 모아 종이쪽지 펼쳐 부치니
남녀노소 손 노리개로 부채라 이름하네
종이가 비었는가, 대숙大竹이 비었는가
모양도 모자라 진언명구眞言名句로 채우려 하네.
나그네여,
진인眞人의 손에서 청풍淸風이 오고 가니
진공묘유眞空妙有의 향기가 만상萬相을 깨우네
종이가 바람인가, 죽엽竹葉이 향기인가
닫힌 가슴 열고 부채 상을 그려보네.

법고法鼓의 소리

해 저무는 가을, 산사에 들렸더니
종루에 올라 법고를 두드리는 스님을 보네
번뇌의 소리인가, 반야의 소리인가
온 산야에 퍼지고 노을을 가르고 있네.
나그네,
발걸음 멈추고 고개 숙여 합장하니
계곡의 폭포 소리 산새 소리 멀어져가네
법고의 소리는 어디 가고
두드리지 않은 또 한 소리를 듣고 있네.

마음을 나누자 하니

가을빛이 하도 좋아 풀밭에 누워있네
있는 물건 나누고 줄 수 있어 좋고
이 한 몸 정인과 나눌 수 있어 좋은데
이 마음 하나 나눌 이拳 없으니 안타깝구나.
나그네여,
한마음 나누려거든 냄새나는 것부터 버리게나
그 누가 지독한 냄새 나는 이拳와 함께하려 하겠는가
모든 일이 수행이라 한마음 미련 없이 내려놓으니
맑은 하늘 가르고 새 한 마리 나르고 있구나.

평등심平等心

세상사 누구를 탓하며 누구를 원망하랴
탓함과 원망함도 원래는 공허함인데
비 내리고 단풍드는 붉은 가을날
중생과 부처가 낙엽을 보며 한바탕 웃고 있네.

유혹誘惑

눈眼이 있어 현상色을 바르게 바라보고
귀 있어 들리는 소리 바르게 들으려 하네
몸과 감흥의 현실에서 잠시 머물라 하지만
이 또한 허무하니 낡은 마음에서 벗어나라 하네.
나그네여,
이 땅의 유혹이 아무리 깊다지만
빗줄기에 온몸을 적시듯 한사코 맡기려 하는가
산호의 물결이 넘실대는 청정한 바다를 바라보며
영원한 생명의 문을 넘어가는 불심佛心이 더 뜨겁다 하네.

* 비 내리는 날, 유혹의 손길이 밀려오는 파타야 산호섬을 찾아가는 바닷가에서

화초 앞에서

오늘따라 유달리 창가에 커튼이 밝아와
베란다에 봄기운이 다투어 끼웃대고
화초들이 새움을 자랑하며 시샘을 하니
내 마음에도 머지않아 꽃도 피워 내겠지.

한그루 화초에 마음을 두는 것은
세상사에 사로잡혀 망상에 젖어 있을 때
그의 은은한 침묵 앞에 나의 전부를 드러내고
한 가닥 청정한 마음을 들추어 보려 함이네.

파릇한 화초 앞에서 내 마음 챙김하고
제 모습 찾을까 하여 넘쳐난 가지 자르며
내 안에 자라난 탐진치도 자르고 사르니
삐걱거린 나의 인생 되돌아보는 화두가 되네.

공허한 인생이지만 인연의 의미를 성찰해 보며
화초들처럼 무주상보시無住相布施를 드러내고
넘침도 부족함도 없는 삶의 모습을 되새겨 보면서
부담 없고 걸림 없는 한 인연으로 살아가려 하네.

하심下心

하심下心
곧 낮은 마음을 알아차림 한다는 것
정법을 행함이요,
나를 비우고 무아無我로 되돌아 가
진여의 공空을 깨우침이니
이보다 더 높은 수행이 어디 있으랴.

하심下心 한다는 것은
삼라만상이 배움의 대상이요, 스승 이러니
나보다 낮은 자 어디 있겠소 마는
마음 열고 누구에게나 배우려는 마음이네.

내 눈에 보이는 이 모든 것들을
낮은 마음으로 대하니
이는 본래 자성이요, 마음이 가난한 자라
우주 만유를 참스승으로 바라봄이네.

깨우침의 행복

여명의 빛 따라 어둠이 흘러가니
어둠의 본래 자리는 어디였을까 하네

늘 깨어있는 마음이 시작이요 끝이리니
언제 그 마음을 챙겨 바르게 얻으려나

본래 마음자리가 청정하다 하지만
인생은 한 매듭, 일대사인연一大事因緣이구나

내 삶의 자리에서 일어난 것들 돌이켜보며
본래 자리를 찾아 물음을 던져본다

마음자리가 일심이문一心二門이라 했으니
육십갑자를 살아온 나그네여

생사生死가 공空인 줄 알만도 하니
진리의 문門도 찾을 수 있으려나

한마음, 한마음 다 놓아 버리고 별빛을 바라보니
나 지금 여기 있는 이곳이 진리요 진여眞如의 세계라

이렇듯 올곧은 마음으로 살다 보면
그 언젠가 행복한 빚쟁이 됨을 느끼어 보려나.

돌아온 나그네의 마음

세상을 돌아 돌아 모든 만남 거치고
원래의 내 집으로 다시 돌아와
지난날 모든 것 허망하다 하건만
그래도 살아 있는 한 삶의 갈무리는 해야겠지.

허, 나그네여,
범소유상凡所有相 개시허망皆是虛妄이라했던가
무릇 상相이 있는 모든 것은
모두 다 허망하고 허망하다 하지만
한 찰라의 깨침도,
한 성취함도 모두 다 허망하다 하면
어찌 이 세상,
삼라만상, 그리고 중생을 구제한다 하랴.

이 사람아, 무릇 상相이
아무리 빛살에 사라지는 아침 안개와 같다지만
존재의 현상을 탓하기보다
그 현상을 보고 일으킨 미혹함이 허망함이니
나를 얽어맨 경계보다
내 안의 마음 먼저 다스려 보려 하네.

님 그리는 마음

님 그리는 마음 한가위 보름달 밤에
홀로 뒤뜰을 거닐며 흥얼거리네
귀뚜라미 애잔한 소리 이어주는데
님께선 고요함을 안고 미소만 짓고 있네.
나그네,
이 한밤에 새들도 잠이 들고
골목길의 발자국 소리도 멈췄는데
바람결은 옷깃을 타고 가슴을 씻어주니
님 그리는 마음 보름달에 한 소망으로 띄워보네.

월야음 月夜吟

나그네, 밝은 달을 띄워놓고 거니니
바람은 호수에 노래하듯 일렁인다
어디서 뉘 소리 있어 뒤돌아보지만
이렇게 고요함을 말하는 이 없구나.

아하, 청정淸靜함이여!
자아가 없으니 소유도 없음이니
번뇌의 생멸을 삼키려 함이런가
달빛 하도 밝아 이 몸 감싸 보지만
아무도 탓하는 이 없어 흥얼거린다.

번뇌 망상

나그네 가는 길에 메이고 얽힌 일
그대는 보았는가, 알고 있었는가
이 일 저 일 다 챙기려 하면
그 안에 번뇌 망상이 자리하고 있을 터.
나그네,
번뇌는 깨달음의 원천이러나
망상은 무상의 그림자 이러나
이 모든 것 물거품이 일어나 사라지리니
한사코 거부하거나 갈구하지도 않네.

촛불 앞에서

현상의 에너지를 태운다.
타고 나면 불꽃이 꺼지듯
육체적 생명의 에너지여
언젠가 사멸할 존재여
나그네,
영원한 광명의 불꽃을 피우기 위해
번뇌의 에너지에 불을 지피고
한 생명을 위한 사랑의 불씨를 지핀다
우주의 원력을 안아보고 싶음일까.

구求 한다는 것은

강태공
강물에 낚싯대 드리워 세월을 낚고 있네
강태공과 낚시에 물린 세월 무엇을 구함일까
구하고자 하니 메이고
메이는 곳에 집착이 있고
집착이 있어 자꾸 걸림이 있다 하네.

무엇인가 구하고자 함은
입지立志의 때를 기다림이니
남 보기에 혹 허망함을 품었다 한들
찰라의 구함인들 이 아니 득도得道의 길이 아니랴.

마음의 바다

맑고 넓은 바다에 만상이 비춰오나니
열린 마음 또한 청정함이네
어느 것 하나 만질 수 없으나
이루어지지 않는 것 없음이네.
나그네,
만상이 원래대로 비추어지는 찰나여
저마다 본성이 제대로 다 갖추어 있음이네
진리가 어둠을 보듬고 그 빛을 발휘하니
맑은 마음의 바다에 머무는 존재이구나.

어떤 문門

이게 무슨 소리!
축구공이 골문에 들어가니 외치는 환희와 열정의 몸부림
무문無門에 한 문을 만들어 놓고 즐기는 것
한갓 찰라의 스침일 망정 사람들은 붙잡고 뒹굴고 있다
그 누가 탓하랴. 무슨 말 하랴만
중생이여!
그대의 발길은 어디를 들어가고 있는가
영원한 환희, 목마르지 않은 생명의 샘물이 흐르는 곳
그곳 진계眞界를 향해
저 일주문을 들어가지 않으려나.

웬 둥지

취한 듯 세상을 걸어가니 만나는 것 미혹의 그림자뿐
잠 깨어 아침을 걸어가니 만나는 것 생명의 눈빛이로다.
나그네,
내 마음 한 찰라 에서도 어리석음과 지혜가 오고 가니
한 생각일망정 깨치고 나면
진리의 빛 속을 거닐 수 있으려나.
보나니,
진리의 빛 속을 거닌다 해도 제 발밑을 헤아리지 못하면
그 언제 한평생 머물 수 있는 한 둥지를 지을 수 있으랴.

미소 안에

일상이 수행이요, 수행이 기도라
기도가 믿음이요, 믿음이 해탈이네.

법문은 지식인가, 지혜인가
지식도 지혜도 공허하고 무상하네.

일상이 해탈되고 법문은 공허하니
일상과 법문이 서로 만나네.

물물物物이 불이不二요, 일체一體라
미소 안에 만법이 피어나네.

한 생명 앞에서

아침 빛살은 길이 없어도 내려오고
바람은 문이 없어도 들어오네
마음 가는 곳엔 길도 문도 없으니
무엇을 한다 한들 걸림이 있으랴.
나그네,
빛줄기 아래에서 한 생명을 바라보니
온 세상은 경계가 사라지고
만향이 밀려와 마음 문 열리니
생명의 숨결은 멈춤이 없네.

틈으로

밤 촛불의 빛 창틈으로 나아가고
아침 햇살 창틈으로 들어오네
자비의 빛 작은 베풂으로 보시하고
지혜의 빛 한 깨침으로 밝아지네.
나그네여,
스스로도 알지 못한 행동에
내 본 모습을 보여 주고
무심코 한 말 한마디의 틈으로
내 인격을 설명하고 있다네.

뉘우침悔

삼라만상의 원력에 따라가는 길에
유아독존으로 당당히 가는 몸이여
가고 옴도, 오고 감도 한 길 위의 일이라
이렇다 저렇다 논하지 말 것이네.
나그네여,
현상에서 '있음'을 있다고 보지 못하고
'없음'을 있다고 보려 하는 맘에 얽매여
선법善法과 악법惡法의 틈새를 오가니
한갓 허공을 흐르는 꿈같은 세월이네.

님은

님은
님일 뿐
그 어떤 말로 하지 않고
드러내거나 숨기려 하지도 않는다.

님은
바라봄도 만남도 말하지 않고
삼라만상의 인연도 해탈도
말로써 말을 하지 않는다.

님은
알고 모름을 생각지 않고
스스로 깨달음만
빛 가운데 있을 뿐.

님은
구름이 하늘을 가르며 지나가듯
가는 길엔 흔적이 없고
허공만 그대로 품고 있을 뿐이다.

허상虛像

가로수의 단풍이 떨어져 도심의 거리 회오리치니
먼저 진 것 밟고 가면 뒤에 진 것 다시 걸어 채이네
바람이 또 한몫하여 단풍잎이 낙엽이 되니
단풍과 낙엽 둘 아니거늘 서로 높고 낮음을 말하지 않네.
나그네,
낙엽이 단풍잎으로부터 비롯되어 새 모습 갖추니
살아 있음과 없음의 그 찰나의 묘를 헤아리기 어렵네.
요즘 세상 돌아가는 꼴 본래의 것을 밝히기 어려우니
안과 밖이 사라지고 물거품이 되어가는 허상만 보네.

깨달음

가고 감에 또 간다 해도 그 흔적 찾지 말고
오고 옴에 또 온다 해도 그 일 묻지 마라
가는 길이나 오는 길이나 다 그러하니
그 일 보거든 있는 듯 없는 듯 웃어나 보게.
나그네,
빛 따라 소리 따라 걷다 한 말씀에 머무니
가고 옴의 길을 묻지 않아도 분명히 보이네
가는 길에 무심코 주운 흰 돌 하늘 향해 던지니
나 태어나기 이전의 말씀이 내 가슴을 치네.

희망의 종소리

진실이 묻히니 도리어 거짓이 되나니
쌓고 쌓은 공덕은 티끌에 묻히고
갈고 가꾼 논밭엔 물 한 방울 없네.

가라지 뽑을 일만 많고 곡식 거둘 일 적은데
빈 가마니를 쌓아놓고 삯꾼을 재촉하는 큰 머슴
수레를 끌고 와 창고 앞에 기다리고 있네.

나그네,
밝은 소리 도리어 어둠의 소리 되나니
듣기 좋다는 말 허공에 띄워놓고
간절한 외침을 밝은 길에서 한번 들은 적 없네.

헛소리 더 크게 울리고 참된 소리 움츠러드는데
참인가 거짓인가 서로서로 짊어진 짐 내려놓고
온 누리에 희망의 종소리 울려 새날을 알리네.

부채 바람에

한가한 틈을 내어 붓에 먹물을 찍어
합죽선에 법구法句를 써 넣어보네
숲속에 앉아 살살 부채를 흔드니
숲 바람이냐 부채 바람이냐 법풍法風이냐

스치는 바람결에 망상을 날리니
나그네, 그리고 너 합죽선
어쩌자고 유유함을 흩트리려 하느냐
그래도 마음 자락에는 여여如如함이 나풀거리네.

유심唯心

산과 들이 푸르다고 눈이 먼저 갔어도
새소리 물소리 청아하다고 귀를 기울려 봤어도
범종 소리가 머금은 법음(法音)을 듣고 있어도
세상에 나온 모든 진리의 말씀을 듣고 있어도
나그네,
아름다운 사람들의 웃음소리
너와 나의 마음 안에 흐르건만
이 또한 한마음 밖에 있으면
있으나 마나 아무것도 아니다 하네.

변하지 않은 것은

언제부터 귀밑머리 희끗희끗 늘어 가나
네 사는 꼴은 예나 지금이나 별다를 바 없구나
오랜만에 만난 벗들은 얼굴이 변했다 하나
님 그리는 마음은 지금도 변함이 없구나.
나그네,
온종일 님을 찾아도 찾지 못하고
달빛이 다 하도록 온 마음 헤맸는데
여명黎明의 빛 감싸 안고 촛불을 켜려 하니
님이 먼저 촛대 위에 와 기다리고 있네.

미련

봉숭아꽃이 가지마다 가득 붉은 빛이요
붉은빛 지고 나니 가지마다 바람뿐이네
꽃 한 송이 가지 끝에 머물러 있건만
내일이면 바람 없어도 떨어지려나.

나그네 시름없이 하현달 붙잡고서
유무와 생멸의 굴레를 벗어 맡기네
바람결에 무심코 한 가닥 걸치려다
시냇물에 미련 없이 띄워 보내네.

살며 생각하며

이 가을의 숲길을 거닌다 하여
뭐 그리 마음이 청정하다 하는가

부귀영화 누린다 하여
이 세상이 살만하고 즐겁다고 하는가

하는 일마다 걸리고 풀리지 않는다고
왜 나만 괴롭고 혼란하다 하는가

이 세상을 살아가다 보니 어쩔 수 없이
망상과 환상에 이끌려 간다고 하는가

나그네여, 뭐 그리 저녁놀 바라보며
무엇을 찾고자 하는가

오늘을 살아가며 그 무엇에 보람을 찾고
그 무엇을 구할 것 같다고 생각하는가

이 모든 꿈같은 생각을 깨뜨려 비우고
참 진리를 바로 볼 수는 없을까

이 생명 말씀 안에서 다하는 날
생명의 빛 따라갈 구원의 영광을 생각하네.

어린이 놀이터에서

어른들은 정자에 앉아 세상을 논하고
어린이들은 정자 밑에서 노을 안고 놀고 있네
한 아이 일어나 거침없이
어제 저지른 잘못을 친구에게 알리니
친구들은 웃으며 서로서로
등을 두드리며 용서하고 있네.

서로 돌아가며 얘기하네
또 한 아이 일어나
다른 친구의 어제 일을 지적하니
그랬다면 미안해하며
스스로 잘못을 인정하고
고개 숙여 해명하고
새롭게 다짐하며 변명은 아니 하네.

모두가 함께 웃으며
용서와 화해의 얘기 나누니
이 아니 아름답고, 깨끗하고
진솔한 향연이 아니랴
포살布薩과 자자自恣의 의식은 아니건만
어느 수행의 도량이 이만한 곳
어디 또 있을거나
바람이 불어오니 나무가 흔들릴 뿐.

무념무상無念無想

산골짜기에 물 좋다 하고 흐르니
발 담근 채 마음을 띄우고
바람의 스침도 무심한 일이기에
걸림 없이 가슴 내미네.
나그네,
저녁놀 숲속에 슬쩍 내미니
어디서 새 소리 들리고
물, 바람의 흐름이 청정하니
이 속에 노닐면 무념무상 하려나.

나의 소망

구름 한 점 하늘가에 흘러가네
따라감도, 메임도 없이
그냥, 스스로 흘러가네.

나의 작은 소망
또한, 내 안의 걸림 없는 부름을 행할 뿐
숲속엔 새들이 자유로이 노래하고 있네.

숲속에서

인연 따라 찾아와 세상사 노래하니
명산대천은 아니라도 환상의 물결 이는구나
선인善人은 악인을 멀리한다고 누가 말했을까
아무렴 뭐라 해도 인간사 애증인 것을 어이 하리.

나그네,
사람마다 서로 다른 참 빛을 품었으니
그 누가 그 무엇을 탓하여 무엇하겠는가.

석양에 해지는 줄 모르고 산빛에 취해 머무나니
잔잔한 호수에 못다 한 사연 산 그림자로 덮어놓고
또다시 만날 날을 눈빛 안에 새기니
머뭇거린 노을처럼 붉게 타오르고 있구나.

내 몫은 무엇일꼬

숲속의 산새는 햇살 물고 둥지 찾고
바위 위의 다람쥐는 바람 물고 졸고
매미는 한이 메어 소나무를 안고 통곡하고
나그네는 까치 소리에 한 말씀을 듣고 있는데
깊은 밤 어두운 세상 보이지 않으니
한 등불 밝혀 내 안에 잠든 영혼 깨우려 하네.

뭘 찾다 보니

비겐 시냇가에 안개가 어리는데
나그네는 천변 길을 한가로이 걷고 있네
흐르는 물길 따라 티끌이 밀려오니
물결 위에 물새가 끼웃대고 있네.

풀잎 이슬이 신발 끈을 건드리니
나그네 발걸음이 느려졌네
시냇물이 물새를 비웃듯 졸졸대니
물새는 티끌 하나 물려다 물만 적시고 날고 있네.

하늘은 물방울 하나도 다 품어 주나니
내 작은 가슴밭은 무얼 품으려나
구름 사이에 가을빛이 싱글거리어
뭘 하나 찾다 보니 아침 해 솟아오르네.

흔적

이것, 그것
알 수도 없는 것이 내 안에 머무르려 하네
비움으로 무심으로
구름 걷힌 하늘처럼
이것도 저것도 남기지 않음이
그림자 없는 흔적
흔적 없는 그림자가 해탈이런가.

명경지수明鏡止水

나그네 텃밭의 풀 뽑다가 묻은 흙
손발을 털고 맑은 물에 씻었건만
거울 앞에 비친 얼굴에 흙이 묻었으니
거울의 티 인가 얼굴의 흙인가.
나그네,
비춘 대로 비추인 맑은 거울
내 마음에 묻은 때 비출 거울은
어디에서 찾을까 하니
아마도 흔들리지 않은 내 마음이런가.

달빛 아래서

여름 가고 가을빛은 산야에 내리는데
새들이 노래하니 숲은 더욱 푸르르고
밝은 달은 구름과 더불어 노닐 데니
달그림자 홀로 밟고 님의 노래 부르네.
나그네,
가을 간다고 하니 님 그린 정 달 속에 그리는데
기러기 날아가니 만산홍엽 이루고
밝은 달은 언덕길 오르는 수레 속에 머무니
세월의 짐 내려놓고 희망의 짐 꾸려볼까 하네.

이것

바람이 머물다 간 텅 빈 가슴에
막 피어난 봉숭아 한 송이
물 한 모금 머금고 웃고 있네
아픔이 머문 그 자리에 늘 함께하며
아무도 모르게 눈빛으로만 일구어 온 사랑의 꽃밭.
나그네,
이것이 있으니 모든 시름 떨치고
이것 속에 울고 있는 것 애써 꺼내려 말고
지금 여기 있는 이것
보이는 대로 느끼는 대로 품고 있으려 하네.

평등平等

산책길 걷자 하니 나아감도 없고
멈춤도 없고, 사라짐도 없더이다

주체도 대상도 없으니
가는 사람, 오는 사람도 없더이다

바로 그 존재가 무형의 실체이니
어둠에 싸이거나 미혹에 빠진 일도 없더이다

몸과 마음이 허상이런가
하늘에 핀 한 송이 장미꽃이런가

나그네,
걸림 없는 자, 우주 안에 공허하니
누구나 자유자재하면 일체가 평등하려나.

망심妄心

천둥 · 번개가 요란한 밤
어두운 방 안에 촛불 하나 켜니
어둠이 어디로 감도 아니건만
곧바로 밝음 안에 있네.

나그네,
이슬에 젖듯 눈비에 젖듯
세상을 사노라 망령되이 젖어가니
마음 안에 촛불 밝혀 보리심을 찾네.

어둠도 망심도 한 불빛 앞에 사라지니
소멸함인가, 본래 없음이었던가
언제 어떻게 하여 깨달을까 하니
불빛 바라보는 현묘함이다 하네.

그대로

하는 일마다 원인과 조건을 내세우니
자아를 벗어난 생멸이 이어지네
이것이 있음에 이것이 있음이니
이 또한 사람 살아가는 원리라.
나그네,
보는 대로 보고 듣는 대로 듣고
생각하는 그대로만 생각하라
거기에 무엇을 더하려 하는가
그 순간부터 번뇌는 늘어나리라.

비움

하늘빛은 흐리고 산마루에 안무가 자욱하니
버드나무 누워있는 호숫가에 산새가 졸고 있네
불볕더위를 짊어지고 바람 따라 산에 오르니
부질없는 세상 시름 가지마다 걸려있네.
나그네,
오르는 사람마다 풀어놓고 갔음일까
지고지고 나풀거리고 웅성거리니
내 짐도 한 가닥 바위 위에 덮어놓을까
산 내리는 빈 발길에 흰나비만 따라오네.

욕망

구름 덮인 첩첩산중에 어디 뫼가 정상인가
사람들은 한사코 그곳을 오르려고 하건만
오르고 나면 또 한 봉우리가 기다리고 있으니
세상사, 한없는 허망함을 날려봄이 어떠할까.
나그네,
가도 가도 끝없는 광야를 가야만 한 인생
미룰 수도 없고 중단할 수도 없는 일
영영 품을 수도 없고 버릴 수도 없는 요사한 것
어쩌랴, 살아 있는 한 잘 살펴 다스려야 할 것이네.

고요함靜

고요함은 님의 몫이고
고독은 나의 몫
님의 옷자락 잡으려 손 내밀면
내 안에 님의 옷 걸쳐주네.
나그네,
긴 침묵을 깨고 님의 말씀 삼키면
님이 고요하듯 내 안에 고요가 일고
하늘의 고요함에 파문波紋이 일면
내 안에 님의 말씀 은은히 젖어오네.

일하고 싶으면

어제는 검은 신을 신고 나들이를 나갔는데
오늘은 흰 신을 신고 나들이를 나가네

내일은 어떤 신을 신고 나갈까 하는가
어차피 신고 갈 신발 편하면 좋을까 하네

나그네,
내 진정 무슨 일하고 싶으면
먼저 다시 한번 나에게 물어보라

그래도 망설여지거든 친구에게 물어보라
그래도 시원찮으면 스승에게 여쭈어 보아라

그리고
이런저런 세상 눈치 보지 말고
다시 나에게 물어보라
그러면 불 속에서 목마가 웃고 있으리라.

둥지를 찾아

어쩌면 버렸어야 할 시간으로
흘러갔을지도 모를 세월
이제 더 굴러가야 할 길이 있다면
그을린 그림자를 밀치며 해탈의 향기를 찾아
한 올 한 올 매듭지어가는 생명을 위해
새들처럼 진실을 품고 있는 나만의 둥지를 만들고 싶다.

할 말을 외칠 수 있는 곳
사랑을 나눌 수 있는 곳
고요함 가운데 나를 찾을 수 있는 곳이라면
새들의 지혜를 배워 나무 끝이면 어쩌랴.

뭘 알 것 같소

간밤에 폭우가 내려 파열음이 넘치어
건너갈 디딤돌도 물살에 쓰려갔네
녹음 따라 그리움도 짙어 가는데
꿈길에 안고 온 망상이 흔들고 있네.
나그네,
휩쓸고 간 갈대밭을 물새가 끼웃대니
그 뜻을 아는지 모르는지 두리번거리네
세상사 살다 보면 만남이 이루어지는데
그 뜻 인연의 묘용임을 알겠네.

살다 보니

나그네
인간 세상에서

왜냐? 고 하며 살다 보니
행복한 삶을 생각하게 되었구려

뭐냐? 고 하며 살다 보니
생生과 사死를 깨닫게 되었구려

어떻게? 라고 하며 살다 보니
지혜로운 성찰의 삶을 살아가게 되었구려

해주세요. 라고 하며 살다 보니
소망과 비움의 삶을 살게 되었구려

오! 라고 하며 살다 보니
감사의 삶 살아가게 되었구려

누구? 라고 하며 살다 보니
내가 나를 찾게 되었구려

여여함이여! 라고 하며 살다 보니
한 찰라 해탈의 향기를 맛보았네.

해탈의 모습

아침 이슬을 가르는 산책길에
하루를 살며시 열어보네
괜스레 어쩌자고
행복한 모습, 우울한 모습, 그리운 모습을.
나그네,
안개가 살살 피어오르니
해탈의 모습이 무엇인가 살짝 열어보지만
두 눈을 부릅뜨고 찾을 수 없으니
어제의 그림자만 밟고 있네.

우주의 질서

감나무에 비가 내려 감빛은 푸르기만 한데
살구나무 열매는 익어 떨어지는구나
여름비가 그침 없이 내리는 이 찰나에도
기다림과 물러남이 한 질서를 이루고 있네.
나그네,
사계절의 흐름도 인연의 흐름도
이것도 저것도 내 삶 안에 주어진 몫이라
세상에 얽매여 하고픈 일 다 못다 해도
사랑도 미움도 빗방울 되어 흐르고 있네.

웃음微笑

그 누가
내가 왜 웃고 있느냐고 그 까닭을 물으면
내가 기꺼이
웃을만한 까닭이 있다고 하리

지금도 내 마음 안에
웃음이 꽐꽐 넘치고 있다고 말하면
그대도 과연
그 까닭을 물을만한 웃음이 있는가

나그네,
웃음 안에 무엇이 있기에
그리도 좋아
묻지 않고
대답도 없이 바라보는가

아마도
마음 열고 웃는 웃음은
천상천하 보물인가 하네.

님 그리는 마음

님 그리는 마음 별 속에 묻어두고
나 홀로 깊은 밤을 거닐며 외로움을 즐기네
낙엽 지는 소리는 달그림자에 누워
고요함을 안고 미련 없이 잠들고 있네.
나그네,
낙엽 지는 소리 해탈의 소리인가
그리움을 삼키는 무욕의 몸짓인가
님의 미소는 이 맘의 고뇌를 씻어주니
별빛 머금고 홀로 서서 한 그리움을 삼키네.

나그네

어제는 비 내린 마을에서 쉬고
오늘은 비 갠 냇물을 건너네

내일은 가는 길 구름 같아서
어느 곳에 머물지를 생각지 않네.

무슨 먼지

한 가닥 계곡물이 마음 실어 흘러가니
산사의 숲속에는 산새가 노래하네
여름날 계절을 잊으려 홀로 거닐다가
흙먼지를 신발에 가득 담고 왔다네.
나그네,
흙먼지 대문 앞에서 털고 들어가니
또 다른 먼지가 옷깃을 흔들어 대네
흰 구름은 하늘에서 유유히 노니는데
나그네는 이 한더위에 발밑을 바라보네.

산사에서

산새는 햇살 물어 산사를 수놓고
범종은 바람 깨워 망상을 날리네
나그네는 백팔번뇌를 촛불 밝혀 사르니
닫힌 듯 열린 듯이 풍경 소리 울리네.

달빛은 동자를 불러 대웅전에 새워놓고
법향은 무언의 눈물을 감싸고 있네
나그네는 별빛을 하나 둘 헤아리며
소통의 법문인 양 가슴 열고 반기네.

나무아미타불과 아멘

생노병사生老病死를 가득 싫은 수레를
흰 소 한 마리가 끌고 가는 것을 보고도
포수의 총탄에 떨어지는 비둘기를 보고도
발밑에 밟히는 개미를 보고도
노승의 탁발 길에 밟힌 상여소리에도
갓 태어난 아기의 울음소리에도
노파의 구부러진 지팡이를 보고도
젊은이가 넘어졌다 일어나는 모습에도
도망가는 도둑을 보고도
밥술 한 덩이 탁발한 아주머니 보고도
강탈당하고 상처투성이의 모르는 사람을 보고도
가난하고 고통받고 병든 사람들 앞에서도
자연재해와 불의의 사고를 당하는 상황에도
대립의 적과 원수 앞에서도
분쟁과 전쟁과 죽음 앞에서도
이승과 저승의 생명 앞에서도
이처럼 세상사 어느 것 하나의 움직임에도 지나치지 않고
천국의 문, 지옥의 문 앞에서
구원영광을 위하여 한마음으로 바친 기도
'나무아미타불' 하고, '아멘' 하니
믿음의 길은 하늘나라요 불국정토로 말만 다를 뿐
처음과 끝을 이어주는 한결같은 믿음과 소망의 가슴
대자대비와, 사랑의 가슴은 동체同體인가 하네.

무슨 열쇠

우주여,
그대는 영원한 진리의 빛을 밝히는
무한 생명의 창고
그대의 창고를 열고자 하는 중생이 묻습니다
그대 창고의 자물통이 있습니까, 없습니까
열려 있습니까, 닫혀 있습니까
창고를 보는 자엔 자물통이 있고
보지 못한 자엔 자물통이 없나이까

나그네여,
누구나 자기 앞에 있는 자기의 자물통
닫힌 열쇠 자기가 열고 들어가려면
그 한 열쇠 마련하게나

허황한 자여,
그대는 어쩌자
그 열쇠 금은보석으로 만들어
열고 싶은 곳 열지 못하고
또 다른 금고에 넣어두고 자랑만 하는가

어리석고 애석하도다
그 열쇠 무슨 소용이 있겠는가
항상 창고를 열고 싶을 때 열 수 있는
세상의 열쇠보다 하늘 문 여는
구원의 열쇠 받도록
믿음의 행동 펼쳐 마음의 열쇠를 갖고 있으렴.

소망

오늘따라 비 갠 햇살 내리니
왜 이리 하늘이 보고 싶네요
세월의 짐 하나하나 챙겨
모든 것 당신께 맡깁니다.
나그네,
제 앞에 쌓인 많은 문제를 모아
그 답을 아신 당신께 간청합니다
걸림과 맺힘도 다 풀어 주시길
믿음 안에 한 소망 품어봅니다.

다향茶香에 젖어

하늘빛 보듬고서 잎마다 새잎 나고
청화백자 찻잔에 석간수가 흐르니
봄바람 푸른 강 위에 고향 소식 띄워본다.

연초록 녹차 한 잎 고요함을 머금고
달빛 내린 찻잔에 번뇌를 우려내니
순백한 그 맛 그 향에 옛 벗을 불러본다.

달빛이 하도 밝아 찻잔에 스며드니
그 맑은 차의 향기 잠든 꿈을 깨우니
평온한 미소의 얼굴 찻잔에 녹아낸다.

다시 보니

여명이 밝아 오니
창틈으로 스며오는 햇살인가 했더니
허공에 가득 찬 반야의 빛살이네.
나그네,
먼지를 털어내니
방안으로 들어온 티끌인가 했더니
허공을 나르는 진여의 몸짓이네.

하늘空

밝음도 어둠도,
있음도 없음도 모두 안고 있는 곳
점도 선도 없고,
각도 틈도 없어 가득한 듯 비어 있네.

십방十方 세계가 위아래가 없고
가고 옴도 없음으라.

해와 달과 별들,
서로 보폭을 맞추어 가니
내 마음도 한 줌 띄워놓고
구름과 바람과 같이 진종일 춤추며 가네.

지혜의 빛 앞에

하늘빛 틈도 없이 절로 파랗고
산색山色 흔적 없이 절로 녹색인데

계곡물은 돌부리 따라 그 빛 변하고
구름도 바람 따라 그 모양 변하네.

저 하늘빛과 산색 그리고 물빛 속에
있는 대로 그 모습 드러내니

모양 없는 님의 모습 인양
분별없이 바라보고 있네.

나그네, 진종일 딱딱한 의자에 걸터앉아
컴퓨터 자판을 두들기며

세상의 소식을 이것저것 눈여겨 보나
한 지혜의 빛 앞엔 한 톨의 모래 같구나.

나루터에서

님인 듯 고운 손 살포시 내밀었더니
번뇌 망상은 사라지나 생의 욕망은 남았네
춘강에 나룻배 띄우려 사공이 노 저으니
지고 온 짐 보따리 어떻게 하려는가.

내 짐만 먼저 실으려 서로 밀치고 있으니
나룻배는 저 건너 강둑에 길손만 내려놓고 있네
나그네는 나루터 부산한 밤 말없이 앉았으니
강 건너 향한 눈 고요하고 고요하구나.

나그네,
인생길 해야 할 일 많고 많으니
지고 온 짐 하나하나 내려놓고 비우네
나루터 부산한 밤, 발밑 바라보며 앉았으니
강 건너 향한 눈 고요하고 고요하구나.

님께서 부르시면

높은 산봉우리 흰 구름에 쌓여 더욱 높고
현인은 온 세상의 민심과 함께하니 더욱 낮네
흰 구름과 민심 속에서 나 또한 살고파 하니
큰 나무 아래 그림자 드리우고 쉬어가라 하네.
나그네,
산 아래 골짜기 물은 바윗돌을 돌아 흐르고
현자는 살며 맺은 인연의 끈 하나하나 풀고 가네
이 몸도 강산의 소리 따라 빛 따라 노닐다가
님께서 부르시면 흰나비 벗하여 창공에서 놀아나 볼까.

들길을 거닐며

어버이가 날마다 드나드는 논두렁의 풀
해마다 베어내고 쥐불로 태우건만
시들었다 했더니 다시 새움으로 돋아나니
봄빛에 푸른빛 감도는 날 님도 만나려나
생명의 빛이 꿈틀대는 언덕 위에 올라
두루 비친 화엄의 빛을 속 가슴에 밝혀보네.

심신이 불이不二요, 생멸이 불이不二라

밤하늘에 별빛 흐르니 어둠의 몸짓 깊어가고
새벽종의 울림 퍼지니 밝음의 눈빛 조아리네
인생이 어둠과 밝음을 한 몸에 걸치고 있으니
청송이 사계의 빛을 받음이니 심신이 불이不二라.
나그네,
만나고 헤어지는 것 별다른 인연의 뜻이 없고
구름과 바람이 한데 어울리는 것도 무심한 일이네
인생이 태어나고 죽음을 한 생애에 맡겨 놓았으니
나무가 꽃 피고 지는 것을 바라봄이니 생멸이 하나不二라.

고향길 가듯

바람은 변해도 빛은 무궁한데
그 누가 계절을 나누었는가
시절 따라 꽃은 노래하고
벌 나비가 춤을 추니
법향 따라 언덕에 오르네.
나그네,
이제 기쁜 소식 듣고
장부의 할 일을 찾고 있으니
고향길이 아무리 멀다지만
아직 가는 길은 잃지 안 했으니
등불 밝혀 들고 길을 나서네.

3부

사계절의 미소

지혜의 힘은 봄 향기에

봄바람 새싹은 강산에 가득한데
옛 벗 소식은 매화꽃에 맺혀있고
어두운 밤 등불은 창밖을 밝히는데
님의 숨결은 가슴 속 깊이 스며 있네.
나그네,
색 바랜 법문은 세상에 덤벙댄대
먼지 쌓인 서책은 동자 손에 들려있고
어리석은 생각은 탐욕을 삼키는데
지혜의 힘은 봄 향기에 젖어 있데.

봄비

밤새워 님의 몸을 씻어주는 시절
하늘의 꿈을 품고 하얀 손끝을 슬어내니
온 세상 꽃의 요정이 입맞춤하고
가슴 깊이 묻어둔 그리움의 향기 피우네.
나그네,
고요 속에 님의 마음을 녹아내린 인연
대지의 꿈을 깨고 먼 길을 달려오니
창공을 향한 꽃잎이 밝은 미소를 짓고
어렴풋이 비워둔 보고픔의 향기도 피우네.

경칩驚蟄

오늘따라 밝은 달빛
다순 숨결이 흐르고
열린 고향길엔
살아 있는 몸짓들 소군 댄다

동산의 능선 따라
다순 혈맥이 흐르고
세상을 향한 눈망울
연초록 미소를 본다

나그네,
확 풀린 마음에
다정한 눈빛이 흐르고
올 것 다 온다고
개구리도 기지개를 켠다

생명이 흐른 대자연
온 힘을 다하여 노래하고
가장 낮은 곳에서
다순 기운을 토혈吐血한다.

한 찰나에

도심의 소리가 귓전을 울리니
밤빛도 그칠 줄을 모르는구나
밤새워 토해내는 별들의 사랑
춘풍에 속 가슴 건드리니 청정한 설법이네.
나그네,
두두물물頭頭物物이 진리요
세상의 소리와 빛이 불성佛性이러니
먼지 속에서 우주의 본성을 보고
번뇌의 찰나에 자성自省의 빛을 보네.

설중매雪中梅

세찬 바람에 두더지 한 벌 걸쳐 입은 나뭇가지
다락 다락 하얀 눈꽃으로 단장을 하고 있다
새벽 달빛 아래 미소 머금고 피어오른 암향暗香
고향을 향해 그리움을 앞세우고 날아가고 있다.
나그네,
환상의 별빛에 차디찬 가슴을 움츠린 꽃봉오리
향기에 취한 눈망울로 꽃눈을 건드리고 있다
붉으락푸르락 서로서로 얼굴을 붉히는 봄기운
새벽이슬을 굴리며 깊은 영혼을 깨우고 있다.

이 마음

춘향春香이 바람 따라서 온 누리에 전하건만
피고 지는 줄은 자기도 마음 두지 않네
녹향이 산 아래 내려도 한 점인 줄 알면
이 마음 가고 옴에 머물지 않으리.
나그네,
꽃비가 구름 따라 가지마다 내리건만
꽃잎 지고 새잎 나는 소리 아무도 모르네.
냇가에 물 불어 고기 떼 올라오는 줄 알면
이 마음 산 아래 내려와도 물들지 않으리.

봄빛 아래서

파릇한 풀베개에 흰 구름 더욱 높고
햇살은 강물 따라 고향길 열어준다
눈 녹은 산마루에 솔 향기 그윽하니
잊힌 추억의 얼굴 하나둘 그려본다.
나그네,
어스름한 달빛 아래 그림자 아직 찬데
촛불은 마음 따라 그리움을 불사른다
세월 속에 지친 눈 뭣 하러 뭘 보는가
그래도 물오른 가지 푸른 빛 일러준다.

춘향春香

봄날 꽃바람에 신명이 난 발걸음들
가고 오는 눈길에 한 인연을 만났네.
꽃향기 가슴 적시니 미소 짓는 임의 얼굴
곱디고운 꽃잎 물고 미운 정을 날리네.
나그네,
꽃의 향기인가 임의 향기인가
이 모두가 시절 인연의 향기로 피어났네
달 밝은 밤 님의 노래 찻잔에 띄워놓고
나눌 수 없는 무문無問법향으로 날리네.

봄비 오는 밤

다순 기운 하늘과 땅에 가득한 밤이여
봄비가 어둠 품고 님 오는 듯 내리고 있네
중생은 깊은 밤 감로수 한 모금 마시려
홀로 마음 문 열고 촛불 밝히고 있네.
나그네,
밝은 빛 내 안에 비워둔 밤이여
어둠을 깨고 한 말씀 울리는 듯 퍼지고 있네
어리석은 자 벌떡 일어나 돌기둥을 부수니
지혜의 힘은 내 안에 빛줄기로 내리고 있네.

춘정春情

흰 눈 녹아내린
춘산의 샘물이 계곡을 이루니
찬물 흐른 소리
춘심을 시문객詩文客과 함께 노래하네.

강산을 이어주는 물줄기를
가슴골에 만들어 놓고
어제와 오늘을 그리워하는
속 맛을 달구고 있네.

나그네,
새잎 나고 꽃피는
동산이 동심童心을 부르니
벌 나비 하늘거린 춤사위를
상춘객賞春客과 함께 즐기네.

하늘과 땅을 흔드는
아지랑이를 한 줌 쥐고서
그리움을 엮어 내는
한 올의 정情을 피우고 있네.

봄기운 창창한데

봄바람에 나뭇가지마다 연초록빛이 머무는데
세상의 거리에는 알 수 없는 소리 분분하구나
깊은 밤 골방 구석에 촛불 밝혀 두었건만
창밖 뜰에는 나뭇가지 그림자만 누워 있네.
나그네,
비바람에 산과 들 굳은 땅이 열리는데
민초들의 노랫소리 토굴 속에 묻혔구나
새벽이슬 머금은 꽃망울 여명의 빛 받았건만
언제 하늘과 땅을 열고 오색 꽃잎을 피우려 하나.

홍매화

달빛 녹아내리는 뒤뜰 정자 앞에 핀 홍매화여
자연의 섭리를 온몸으로 흔들어 대고 있구나
아득하고 먼 그리움의 울림으로 피어난 향기여
인연의 오묘함을 붉은 가슴 속 깊이 간직하고 있구나.
나그네,
매화나무 가지마다 둥근 달이 쉬어가는 밤이여
홀로 찻잔을 비우며 인생을 음미하는구나
고고하고 우아한 영혼의 울림으로 피어난 향기여
만향의 그윽함이 내 안의 탐진치 씻어주고 있구나.

벚꽃櫻花 아래서

동짓날 내리는 찬 눈은
가슴에 못다 핀 흰 꽃 같더니만
청명 날 피는 화사한 꽃은
그리움을 안고 온 포근한 눈 같구나.
나그네,
벚꽃 따라 보송보송 피어난 그리움은
해맑은 아기 볼 미소를 바라본 듯한데
바람 따라 살랑살랑 떨어지는 꽃잎은
못다 푼 인연의 옷자락 같구나.

봄산春山에 올라

세상을 살다 보면 비워라, 내려놓으라 야단이지만
내 앞에 있는 것 어딘가 다 필요할 것 같다네
봄빛이 좋아 산에 오르면 어느새 나를 잊었는가
만향萬香에 젖어 미련 없이 모든 것 내려놓네.
나그네,
봄이 오는 소리에 세상의 소리 멀리 보내고
푸르른 새 생명의 빛 고요한 영혼을 깨우고 있네
봄 산에 올라 이것저것 붙잡은 손 다 비우고
해맑은 햇살에 고단한 삶을 녹아내리네.

섬진강 매화

섬진강 돌고 돌아 흐르는 매화 향
겨우내 얼었던 가슴에
애타게 기다린 임의 숨결로 흐른다

새 찬 눈보라 삼키며 피어난
순결과 순애의 꽃
믿음의 빛이 준 은혜로운 선물

어둠에 묻힌 가슴에 촛불 밝히고
여린 향기를 모아 내 안에 승화되어
새 생명으로 피어난 부활의 꽃이다.

춘향春香 · 2

봄날 꽃바람에 신명이 난 발걸음들
가고 오는 눈길에 한 인연을 만났네

꽃향기 가슴 적시니 미소 짓는 임의 얼굴
곱디고운 꽃잎 물고 미운 정을 날리네

달 밝은 밤 님의 노래 찻잔에 띄워놓고
온종일 주고 나눈 무문 법향에 젖어 있네.

봄빛은 반야의 빛

봄빛은 반야의 빛이요, 꽃 향은 반야의 향기이니
봄날에 한 인연을 새움도 모두가 반야의 빛과 향기이네.
生과 死도, 있음과 없음도 이것과 저것의 향기요,
이루 헤아릴 수 없는 빛이니 이 또한 반야의 빛과 향기이네.
나그네,
갈 길은 멀고 눈빛이 어두우니
지팡이 짚고 빛 따라 언덕을 오르네.
봄빛에 젖은 몸 취함도 버림도 없으니
허공을 나는 새들처럼 걸림이 없네.

봄눈을 바라보며

입춘이 지났건만 꽃망울 보이지 않더니만
간밤에 내린 봄눈으로 가지마다 눈꽃이 만발하였구나
마음이 한가롭고 편할 때는 더욱 고아 시음을 읊었건만
세상이 놀라워하니 흰 눈이 악귀의 배설물 같구나
하얀 눈이 어쩌자 봄빛을 시샘하여 경거망동하였느냐
세상도 너를 닮아 민초들의 가슴마다 한숨만 엉키었네.
나그네,
무량공덕의 염원으로 대자대비의 빛 아래서
용서와 화해로 정의와 평화의 꽃 피우려 하네.

5월의 빛

푸르렀던 노송 그루터기에
춘란이 피어나고
꼬리 감춘 흰 구름이
춤을 추고 있는데

넓 푸른 바다
한 물결에 높은 파도 일어나니
불광佛光을 삼킨 어옹漁翁은
붉은 알을 품고 있구나

나그네,
훈훈했던 인정
가슴마다 장미꽃이 피어나고
담을 허문 이웃사촌은
웃음꽃을 피우고 있는데

달 밝은 뜰
한 바람 일어나매 석류꽃이 피어나고
헛꿈을 비운 찻잔에
오광五光을 우려내고 있으니

세월 따라 맺고 끊은 인연
헤아릴 수 없이 밀려오고
잊혀가는 감사의 마음
진한 초록 잎 향기로 피우네.

춘분春分의 밤

하루 일 끝났으나
할 일은 남았는가
춘분의 봉우리를 어루만지려 두 손 내미네.

달빛 머금은 고요한 밤,
시냇가를 거니니
내리는 별빛도 고요하고 여여 하구나.

봄바람은
잠든 나뭇가지 흔들어 깨우고
시냇물 따라서 와 돌아갈 줄 모르네.

나그네,
탐진치貪瞋痴를 법성法性으로 태워 사르려 하니
춘분의 밤은 중도中道의 빛 인양 흐르고 있네.

봄비 오는 날

봄빛이 좋아 숲속을 찾았더니
봄비가 찾아와 고운 꽃잎 물들이고
속삭이는 비 가슴까지 적시니
빗줄기 들쳐 매고
울렁이는 그린 정 안고 산을 오른다.
나그네,
오늘같이 비와 함께하는 날은
마음 까지 젖어보고 싶어
빗물에 일상을 지우고 그린 정을 새기니
다순 가슴에 촉촉이 젖어와
그리움에 물든 사랑의 꽃씨를 심는다.

별빛 내리는 밤

초여름 밤
눈 깜짝할 사이 지난 생이 스치어가고
앵두는 붉은 사랑을 품고
달은 그리움을 녹아낸다.

만학정엔
시문 읊조리는 소리와 웃음소리 고요하고
모깃불 피우는 뒤뜰
살구 떨어지는 소리만 흐른다.

나그네,
별빛 내린 밤
인생의 업보 헤아리기 어려우니
지난 업보는 바람을 품고
오늘의 업보는 그림자를 밟고 있다.

정원 숲속엔
잡새 소리와 꿀벌들의 소리 고요하고
푸른 잎 감나무는
벌써 가을빛 열매를 기다리고 있다.

갈애渴愛

바람이 머물다 간 텅 빈 가슴에
막 피어난 봉숭아 한 송이
아픔이 머문 그 자리에 늘 함께하며
물 한 모금 머금고 웃고 있네.

아무도 모르게
눈빛으로만 일구어 온 사랑의 꽃밭
이것이 있으니 이것이 있음이니
때약 빛 햇살에 무얼 찾으려 함일까
보이는 대로만 보고 있네.

입하立夏

곱게 단장한 꽃잎이 사르르 지고
진초록 잎새 사이사이 흰나비 날고 있네
시절 인연은 미련 없이 한 계절 보내고
또 한 계절의 문 열고 빙그레 웃고 있네.
나그네
더운 바람이 가슴 열고 푸른 향기 나누고
보리가 익어가니 민초의 애환도 익어가네
곡우에 마련한 못 자리도 땅맛들어 파릇하니
'벌써' 땀 찬 몸 등물할 찬물을 생각하네.

한여름 단상

폭풍에 공중을 날다 떨어지는 나뭇잎은
한 마리 외로운 흰나비 되어
절뚝거리는 한 상처를 부둥켜안고
풀잎 위에 누워 님의 미소를 봅니다.
나그네,
아름다움을 쥐었다 내려놓는 찢긴 나뭇가지는
한 깃털 남기고 간 철새처럼
미련 없이 한 아픔을 떨치고
바람 따라 뒹굴며 님의 손을 잡습니다.

숲길을 걸으며

진초록 가지에 바람 부니 그 향기 휘날리고
저무는 숲속엔
가지마다 비 머무는 소리 고요하네
산마루에 올라서니 구름이 걷히고
사방을 둘러 보니
골짜기에 물줄기 내어 더위를 나르고 있네.
나그네,
바위 위에 서서 지팡이 한번 두들기니
내 머리통은 갈라지고
졸고 있는 산새 어둠을 헤치고 바람 따라 날아가네.

여름, 나그네

초록빛에 취하여 비틀대니
먼지 낀 지팡이가 앞서가네
세상의 카톡방에 걸림 없이 들어 와
청포도 익어가는 푸른 아침을 두드리고 있네.
나그네,
서로 마주하지는 못한 인연이건만
한 신심 오가며 나누네
타오르는 햇살처럼 속 가슴 붉어지니
하얀 달빛 아래 한 잔의 생수를 마셔볼거나.

여름빛, 반야의 빛

하늘빛이 고와 피어나는 꽃창포의 웃음소리
청정한 계곡물 따라 더욱 청아淸雅하고
태양 빛 속에 쉬고 있는 반달의 노랫소리
산 능선 따라 밤꽃 피워 내고 있다.
나그네,
숲속을 넘나들며 사랑을 나누는 새소리
번뇌의 젖줄을 벗어난 듯 아름답고
자아自我의 긴 동면冬眠에서 깨어나는 생명의 소리
흰 구름 따라 붉은 반야의 빛으로 피어나고 있다.

능소화의 향기

땡볕에 꿈틀거린 초록 잎
꽃잎에 달아오른 한낮
그늘 찾아 피어오른 우아한 자태
그을리고 그을린 향기
세상을 향해 한 기품을 살리고 있네.
여름 한낮 온 힘 다하여
시들기 전 고개를 들고 싶어
태양을 보듬고 피어난 꽃
반야의 향기, 해탈의 모습이기에
차마 밟지 못하고 가슴으로 품고 있네.

하지夏至

우주질서인가,
낮의 길이가 가장 길어지는 절기
인간의 가슴에도 음양이 상충하여
큰 변화의 기운이 흐르나니
길고 짧음에 마음 두지 말고
내 삶의 현상을 바라보라 하네.
나그네,
비가 내리니 풍년을 기약하고
땀 묵은 하지 감자 한입 물고
세상을 향한 매미 소리
큰 나무 아래 앉아 법문 인양
부채 바람으로 감싸 한가로이 듣고 있네

입추立秋

어디인지도 모르고 미련도 없이
장맛비에 휩싸여 강물 따라 떠나나 보다
너풀너풀 흔들며 꽃잎 피우는 코스모스여
초록 바람이 갈색 햇살을 부르고 있나 보다.
나그네,
아는지 모르는지 누구랄 것도 없이
매미 소리에 놀라 하늘을 깨우나 보다
하늘하늘 흔들며 흰 구름 피우는 고추잠자리여
푸른 들녘이 오색 햇살을 채우고 있나 보다.

가을빛 아래서
- 백로白露

서늘한 별빛 머금은 흰 이슬 새벽을 여니
소슬한 바람 빛은 성큼 가을을 열고 있구나
국향에 취한 고추잠자리 시향詩香을 나르고
그리움에 설친 가슴 가을 향기에 녹이네.
나그네,
매미의 사연 담은 노을빛 님의 모습 비추니
온종일 붙잡은 고뇌 무문을 두드리고 있구나
찬 이슬에 젖은 발걸음 말씀의 향기를 나르고
긴 세월 품어온 소망 내 안의 텃밭에 심네.

풍진객風塵客 가슴마다

가을 하늘 높다 함을 그 누가 탓할거나
풍진객 가슴마다 흰 구름 쌓이네
단풍잎에 갈바람 살랑이니 산새가 노래하고
노을빛 너울대니 님 오신가 발걸음만 서성이네.
나그네,
눈빛 따라 낙엽이 손짓하니 발걸음이 무거우랴
가을 향기 가슴마다 수채화를 그리네
자유자재한 발걸음 미혹迷惑을 내려놓고 가니
높푸른 하늘가에 해탈의 미소를 그리네.

가을 단상斷想

가을 단풍잎 달빛 아래 다 녹아내렸는데
길손은 먼 산의 안개 걷히기를 기다리고
그리운 사람들의 사연이 가슴을 두드리니
세월이 나를 붙들고 감을 노래하고 있네.
나그네,
가을비 멎어 새벽하늘이 열리었는데
이 세상은 부귀영화를 떨치지 못하고
사람들은 마음 한 자락을 흔들고 있으니
한가로이 앉아 그 뉘를 탓할 수 있으랴.

가뭄 탄 기도

가뭄 든 땅에 곡식이 타들어 가니
가을 빛살이 익어가나 시절 같지 않구나
강산을 끌어와도 탄 가슴을 적시지 못하니
밝은 달마저 구름 속에 자주 머물고 있네.
나그네,
고향의 옥답에 물줄기 끊기니
농심이 인심인데 천심 같지 않구나
밤과 낮이 벌떡거려도 한 풀잎을 적시지 못하니
발원의 두 손을 탓하려는 것 아니네.

무등산에 올라

무등산에 올라 영산강에 마음을 띄우니
흰 억새꽃은 머릿결에 입맞춤하네
낮달은 시름없이 서산의 노을빛을 머금고
푸른 산빛은 흰 구름을 싣고 산마루를 넘네.
나그네,
원효계곡 물소리 따라 상춘객이 노래하고
푸른 잎은 햇살을 피해 낮잠을 즐기네.
세월은 가고 와도 미련 없고 헛됨이 없으니
풍진객은 홀연히 또 한 고요를 깨우고 있네.

춘추春秋

앞뜰에 꽃이 피어 붉은 볼이 되더니
꽃송이 가지 끝에 남아 차디차구나.
꽃 지니 가지마다 푸른 옷 입더니
나뭇가지 단풍잎마다 황혼을 날고 있구나.
나그네여,
춘추의 힘겨루기를 함인가
피고 지고, 지고 피고 붉은색을 탐함이라.
인생이 세월 속에서 헤엄을 치고 있음인가
가고 옴도, 오고 감도 오래감을 탐함이라.

추심秋心

가을 산에 단풍 듬을 그 누가 탓할거나
풍진객 가슴마다 낙엽 향기 쌓이네
억새 바람에 안개 걷고 산새가 날아가니
노을빛 가슴에 안고 오던 길 다시 걷고 있네.
나그네,
어깨 위에 낙엽이 앉자 한들 발걸음이 무거우랴
단풍잎 떨어지는 산천에 마음에 찬 짐 띄워보네
한가로운 발걸음 그래도 웃음을 밟고 가니
높푸른 하늘을 파고 구름을 나르다 님을 보았네.

단풍, 가을꽃으로 물들다

계곡마다 안개 걷고 단풍은 온산에 가득한데
벗 따라 찾는 발길 어느덧 중봉에 이르렀네
마음이야 청춘이듯 상봉을 탐하지 말 것이지
어쩌자 몸을 앞세우다 삐걱거린 수레 만드는가.
나그네,
무심코 올랐던 길 단풍은 산수병풍을 이루고
한가로이 노닐다 내려가는 길 찾지 않네
지금이야 비록 복사꽃 피는 시절 아니지만
산골마다 붉어가니 가을꽃으로 타오르고 있네.

추정秋情 · 2

달은 하늘에 떠서 별빛 안고 흐르고
가을 향기 가슴에 출렁인 듯 일렁이네.
뒤뜰에 귀뚜라미는 한밤을 노래하고
님 그린 정은 국화향 보다 더 진하게 피어나네.
나그네,
님께선 달그림자에 숨은 정을 닮았는가
언제 왔는지 헛기침 소리도 없었건만
어쩌자 그 향기에 취했는가,
가을이 지기 전에 한 송이 들꽃처럼 피우려 하네.

풍영정에 앉아

풍영정에 앉아 영산강에 마음을 띄우니
흰 억새꽃은 바람결에 맞춰 님노래 부르네
햇살은 어느새 서산에 노을빛을 드리우고
푸른 물빛은 달빛을 싣고 굽이쳐 흐르네.
나그네,
강물 소리 수백 리 물새들이 나니
그리움은 깊어간 숨결에 취해 춤을 추네
세월은 가고 와도 미련 없고 헛됨이 없으니
내 가슴은 홀연히 청송靑松을 바라보고 웃고 있네.

가을 산을 걸으며

가을빛이 하도 고와 산사에 들렸다가
낙엽 지는 숲길을 이리저리 걸어가네
바람 따라 마음마저 흩날리며 가려는가
뒤따르는 이 취醉했다고 눈길 줄까 하네.
나그네여,
낙엽을 밟고 가는 소리 불성佛聲이요,
돌부리에 채도 탓하지 않으니 불신佛身인가
마음 안에 살면서 마음 찾기 어려우니
타오르는 가을 산에 번뇌 망상을 사르며 간다네.

추경秋景

단풍잎은 불꽃인양 골짜기를 타오르고
나그네는 노을빛 안고 호숫가를 거닐고 있네.

붉은 꽃무덤山앞에 무슨 범어梵語가 울부짖나
아마도 타오르는 저 광색光色이 불성佛性인가 하네.

낙엽을 움켜쥐고

바람에 불붙은 붉은 단풍
꺼질 줄 모르는 불길인 양
거침없이 타오르는 환호의 절정
그 누구도 눈길 돌릴 리 없으니
달빛 내리어 온몸 씻어주듯
계절의 자태에 덧칠하는구나.

새 생명을 위해
모든 것 내려놓은 빈 몸으로 누웠으니
나그네, 낙엽을 한 줌 움켜쥐고
살며 뭉쳐진 헛소리 덩어리 하나둘 떨치고 가다 보면
진정 가을 사람 되려나.

가을빛이 고와

가을빛이 곱다기에 발걸음을 재촉하니
호숫가에 노을빛은 한가로이 출렁이네.
도심의 밤거리에 열정의 빛이 흥청대니
가로수의 단풍잎엔 달빛이 머무는구나.
나그네,
추억이 잠든 고향길 더듬거리니
시냇가에 디딤돌이 달빛에 잠기네
옛 벗들의 얼굴에 그리움으로 덧칠을 하니
산수화도 수묵화도 모두 비길 데 없구나.

만산은 한 빛인데

가을 잎이 우수수 바람결에 떨어지니
온 세상 사람들의 발걸음이 서성거리네.
만산萬山의 만색萬色도 원래는 한 빛이거늘
어찌하여 중생이니 부처니 야단법석일까.
나그네여,
가을빛 따라 인파人波의 행렬 이어지니
타오르는 단풍잎 아래 혼신魂神의 불을 피우고 있네
바람 따라 단풍 지니 내일은 눈꽃 피어나거늘
행여, 계절 따라 함께 가려 재촉하지 말게나.

무등산의 추경

단풍잎 따라 무등산 옛길을 오르는데
흰 구름 먼저와 중봉에 누었구나.
발걸음 뒤로하고 가을빛을 즐기는데
먼데 바람결에 억새꽃이 님의 미소인 양 방긋거린다.
나그네,
골골 마다 단풍 들고 낙엽 지는 것
대자연의 해탈인가
오르고 오른 발길 그대는 무엇으로
번뇌 망상을 태우려 하는가.

석양빛 가슴에 품고

가을빛이 너울대는 도심의 풀밭에서
벗들의 웃음이 석양빛을 향해 파닥거리고

세상일 가슴마다 품은 듯 살랑이니
잊으려 했던 인연이 운무처럼 밀리어 온다

취하도록 마시거라 잔디밭 풀 내음이여,
저녁놀 깊어가니 호숫가엔 아쉬움만 찰랑거린다.

가을밤에

가을밤 큰 한숨 소리가 만리를 가는가
국향은 가슴을 적시고 초승달은 그리움을 담고 있네
대로大路엔 인적이 드물어 자동차 소리 멀어지고
시문詩文을 읽던 후정後亭엔 밤 소리만 깊어가네.
나그네여,
올곧게 깨어있는 마음 열리면
모닥불에 낙엽 태우듯이
모든 탐진치貪嗔痴도 불태우며
고요함을 즐기는 이 밤에 이 한 물음을 되새겨 보네.

가을빛

가을을 스치는 바람에 햇살이 출렁이니
숲속의 단풍잎이 더욱 붉어지는구나
나그네여, 끝자락 하늘빛을 꼭 잡아라
가을빛이 지고 나면 그대 찾는 이 뉘 있을까.
이보게,
술 한 잔 목축일 곳 어디냐 하니
불그스레한 단풍잎만 가리키는구나
나그네여, 한 말씀 미소의 가슴으로 꼭 품어라
생명의 빛 속에 익어가는 빛의 열매를 거두리라.

가을 인생

푸른 산이 붉은빛을 드러내니 단풍들었다 하더니만
들국화가 바람결에 흥얼대니 고향 노래 부르네
젊은이가 하얀빛을 드러내니 늙어 간다 하더니만
어린이가 엄마 젖을 더듬으니 자장가를 부르네.
나그네여,
가을이 선경仙境인가, 사랑의 오페라인가
고향의 노래와 자장가는 원래가 하나였구나
자연이 풍요롭게 익어가니 인생도 향기롭게 익어가니
이 또한 만상萬相이 일상一相이라 해탈의 향기로구나.

국화 향기

돌담에 기대어 피어난 국화 송이
달빛 안고 홀로 피었네
언제 왔는지 헛기침 소리도 없었건만
그윽한 향기 자연의 이치를 노래하네.
나그네,
달빛에 기대어 고독을 삼킨 몸
귀뚜라미 소리에 한숨을 몰아쉬네
이리 쉬 간다는 말 한마디 없었건만
국화꽃 시들어간 소리에 해탈의 향기를 삼키네.

만추晩秋의 향기

맑은 하늘과 더불어 점점 익어가는 들녘
뭐 그리 좋아 정情 나누자 손짓하는가
기다리다 적신 갈색 가슴을 젖히고 서서
새 약속의 눈빛 속에 이 가을의 노래를 부르네.
나그네,
낙엽 따라가고 오는 거듭남의 아름다움이여
자연으로 돌아가는 길목에 한 믿음이 머무는가
보배보다 더 귀한 말씀 시절 인연 속에 승화하니
잘 익은 열매에 만추晩秋의 향기 달과 함께 그윽하네.

가을 하늘 아래서

맑은 가을 하늘 아래 아름다운 추억의 고향이 있건만
가고 옴의 인연으로 모든 것이 한 생각만 흐를 뿐이네
사계의 하늘 아래 꽃 피고 지고 열매 맺고 있건만
변화무쌍한 시절 인연은 본래 하나의 빛살뿐 이네.
나그네,
신비로운 하늘과 땅의 기운 사람 사이에 흐르건만
보고 또 보며 받으려 해도 느낌만큼만 받을 뿐이네
안다는 것도 깨달았다고 하는 것도 그렇고 그렇건만
만고에 빛나는 보배로운 것은 원래 한 말씀뿐이네.

가을 달밤에

새소리 들려오면 잊힌 님의 소리 들려오고
종소리 울려오니 잠든 내 영혼의 울림 들려오네
청송 낙엽 지면 초심을 잃을까 두 주먹을 불끈 쥐더니만
가을밤 달빛 내리니 아련한 인연의 끈을 놓지 못하네.
나그네,
바람 소리 소슬해지니 님의 가락진 흐느낌이 이어지고
풍경 소리 숲을 흔드니 꺼져간 내 마음의 불꽃 타오르네
소리 따라 이어진 님의 말씀 두 손 모아 잡았다 다시 놓고
고요한 빛이 이어지니 무심코 흘러간 한 그리움에 젖네.

무심無心한 인생

산은 네 있으나 마나 무심히 서 있고
강물은 네 보나 마나 무심히 흐르구나

산봉우리에 구름 한 점 무심히 머물고
강태공은 낚싯줄 무심히 바라보네.

세상사 힘겨루기로 야단법석하건만
나그네는 그 가운데 무심히 걸어가네

그 누가 인생을 헛되다고 하였는가
덧없음을 아는 것이 바로 행복한 것을.

겨울의 비밀

살았는지 죽었는지 쓸쓸한 저 나무들
노 화백의 화폭에 담은 절묘한 조화로구나
찬바람에 오광五光이 흔들거린 살풍경들
미소 속에 겨울의 비밀을 누설하고 있구나.
나그네,
속눈썹을 건드린 하늘과 땅의 바람들
너와 나의 삶에 내린 축복의 숨결이구나
설산에 오색五色이 출렁이는 인파들
새 생명을 잉태한 자연의 문을 두드리고 있구나.

겨울빛

홀로 거룩하시고 높으신 님이여
우주 창생의 근원이 모두 이에서 나왔네
맑고 높은 겨울 하늘의 빛이여
고요하고 밝은 빛 내 안에 녹아나네.
나그네,
만향을 비워도 가득하신 님이여
온 누리의 공덕이 모두 이에서 나왔네
공평하고 셈算 없는 자비의 빛이여
대 자연의 기운 모으니 내 생명도 태우고 있네.

겨울밤의 꿈

겨울밤 동백 향기 그윽하여 고요히 앉아있으니
밝은 달 꿀 먹는 소리에 무심히 찻잔을 비우네
창을 넘는 시향詩香도 누가 막을 수 없으리니
찬바람 애틋한 꽃잎 편지에 잠든 님을 깨우네.
나그네,
겨울밤이 깊고 깊어 달을 품고 앉아있으니
내 안의 달은 촛불 안에 고요히 타오르고 있네
새들은 둥지 안에서 새끼를 품고 잠들어 있는데
품 안의 새끼는 달을 물고 하늘을 날고 있네.

눈 쌓이는 날

해넘이 밤하늘에 얼어붙은 흔적들을 모아
찬바람 똘똘 몰아 토담 벽에 걸고 있다
내 언제 꾸질꾸질한 마음 열고 펼쳐볼거나.

흰 눈빛 산과 들에 만나기를 좋아 한데
설한에 무너지는 생존의 섦은 있다
그토록 눈 어린 날 마음 창에 녹여볼거나.

시절 따라

큰 나무 새잎 나니 가지마다 푸르러 청산이라
온갖 새들 날아들어 저마다 둥지를 틀고 있네
철 따라 낙엽 지니 청산은 어디 가고 골짜기라
찬바람 불면 빈 둥지 허공을 가르는 돛단배 되리.
나그네,
큰 나무 눈 쌓이니 가지마다 새하얀 설화산이라
밤마다 피어나는 별빛 아래 동화童話가 익어가고 있네
빛 따라 눈이 녹아내리니 설화산은 허물어져 눈물 산이라
다순 바람 불면 새순 돋아나 동화궁童話宮이 되리.

산촌山村

산사에 눈 내려 발걸음이 뜸해지니
집 둘레의 동백꽃이 가지마다 더욱 붉다
참새는 찬바람을 산촌으로 나르니
동자는 꽃향기 모아 찻잔에 울어내네.
나그네,
산촌에 쌓인 눈 입김으로 녹아나니
집마다 웃음꽃이 담을 넘어 더욱 밝다
강아지는 꼬리 물고 눈밭에서 굴러대니
아이는 고드름 물고 부엌문을 드나드네.

눈이 내리면

눈을 밟으려 하지도 말고, 만지려고도 말고,
그대로 보고만 있으려고도 마라
어떻게 할까 하고 망설이는가
눈빛을 잊어버리고 거닐어보아라.
나그네,
눈을 밟으려 하니 흔적 남길까 봐 발이 머물고
눈을 만지려 하니 세상을 등질까 봐 손이 떨리고
눈을 보고 있으려 하니 고요함에 눈目이 감기고
눈빛 잊고 거니는 발길 여여함의 길을 거니는 것 같구나.

눈오는 밤에

그리움이 눈 오는 밤에 꽃송이로 피어나고
나뭇가지마다 하얀 옷을 입고 춤을 추고 있네
산천은 눈 이불로 찬 바람을 감싸며 지새고
종소리도 발소리도 잠이 드는 깊은 밤이네.
나그네,
향 사르고 촛불 밝히는 소리에
그리움도 눈꽃 속에 녹아내리고 있네
눈빛雪光은 반야의 빛으로 긴 밤을 지키고
촛불은 구원의 빛으로 탐진치貪瞋癡를 태우고 있네.

여유餘裕

찬바람이 숲속을 종일 건드리고
구름은 다 닳도록 산봉우리를 오가네.

계곡물이 부서지고 돌아가며 유유히 흐르고
산새는 나뭇잎마다 깨우며 노닐고 가네.

나그네는 하는 일 많다 하나 귀찮다 탓하지 않고
호숫가를 거닐며 노을빛을 노래하네.

겨울밤의 서정抒情

차디찬 밤을 끓이고 끓여내니
그 안의 것이 공함이어라
세상의 소리 볶고 볶아내니
모든 것이 한 돌의 번시이네.
나그네,
달 아래 향기로운 차 끓여내니
있는 대로 녹아나는 다도茶道이어라
달과 별을 읊고 읊으니
참구參究하라 할喝하는 새벽 종소리이네.

정월 대보름

봄날 바람이 일어 홀로 뒤뜰을 거닐 대니
밤 그림자 드리우고 보름달이 방긋하네.
중생의 풍요와 바램을 달고 달무리가 나부끼니
밤 깊어지도록 한 서원 촛불로 타오르고 있네.
나그네,
촛불 앞에 고요한 마음 불빛을 잊고 앉았으니
달빛 때맞추어 온 누리에 소리 없이 내리네.
아마도 빛과 빛은 때를 알고 함께 녹아내리니
정월 대보름은 세상의 꽃망울을 잉태한 밤이네.

폭설아 날개를 접어라

눈雪아 폭설暴雪아 봄빛을 내놓아라
춘풍을 몰아낸 죄罪 알고나 있느냐
지상을 할퀴는 날갯짓 접지 않으면
천상에서 쫓아내어 지옥 불에 사르리니
무법천지 활개 친 눈바람 접으면
불광보조佛光普照의 빛으로 녹아내려 주리라.
눈雪아, 눈바람아
지상을 할퀴는 날개를 접어라
더 이상 접지 않으면 천상에서 쫓아내어
지옥 불에 던지리라.

정월 대보름의 정감

쥐불놀이와 달집을 태우며
소박한 소망을 띄워 보내고
오곡밥에 부럼을 깨물고
이웃 간 복더위 인사를 나누네.

흥겨운 풍물놀이와 지신밟기로
공동체의 안녕을 빌고
액막이 모든 재앙 담아
연 날리며 무병장수를 기원하네.

나그네여, 천지인天地人 하나 되어

귀밝이술로 마음의 평안과
용서와 화해의 덕을 쌓고
줄다리기하며
온 마을의 대동으로 풍년을 기원하네.

밝은 달을 보며
삶의 어둠과 부끄럼 없기를 빌고
님 만남의 기쁨으로
만민의 하얀 염원도 담아 보네.

4부

사람의 소리, 세상의 소리

너와 나의 기도

진리의 광야에 영생을 밝히니
어찌 이 세상을 어둡다만 하리
진리의 말씀에 입을 모아 외치니
어찌 그 누구를 시끄럽다 하리.
나그네,
진실은 어둠을 넘어 가슴을 태우고
기도는 가슴을 넘어 세상을 밝히네
우리는 정의와 공정을 위해 가슴을 밝히고
세상은 화해와 베풂을 위해 용서를 바라네.

세상의 말

세상이 할 일 많아 앞뒤가 막혔는데
말로서 말 많으니 입씨름만 하는구나
사람이 말 많은가 세상이 말 일으키는가
그 누구도 이 일 바로잡기 참 힘들구나.
나그네,
인자仁者의 발길 멀어 한 말씀 듣기도 먼데
서로서로 말 삼키며 불통이다 하는구나
혀끝이 짧아도 비수보다 가슴 깊이 찌르는데
뭐 그리 원통해 침묵 속의 진실을 찢으려 하는가.

미련

달 밝은 밤 님 그리워 창문을 여니
소곤대는 자목련의 꽃잎에 앉았네
얼마나 머물다 가려는지 설렌 마음
행여 달 지면 님도 애달프게 떠나려나.
나그네,
봄기운에 님 보고파 창밖을 거닐자 하니
보랏빛 꽃 피운 은혜로운 향기에 젖네
달빛 안고 꽃잎에 간직한 사랑의 미소
햇살 내리면 무슨 말 남겨놓고 가려나.

봄물 소리에

무등산에 쌓인 눈 풀리지 않았는데
광주천 냇물이 졸졸거리네
충장로를 오가는 발걸음 이어지니
민심의 속 가슴도 울렁거리고 있네.

나그네, 봄빛에 녹아내린 봄물을 보네.

진실로 막을 민심의 틈새
거짓으로 홍수를 막으려 하는가
밑바닥 소리에 천심이 흐르나니
상선약수의 흐름을 따르라 하네.

보름달이 하도 고와

보름달이 하도 고와
한 고요의 얼굴을 밝히고
강물이 하도 맑아
한 침묵의 입술을 씻고 있네.

그리움은 달빛 따라
무심코 맨발로 찾아오고
외로움은 강물 따라
하염없이 외눈박이로 떠나가네.

나그네, 푸른 숲이 그리 좋아
막힌 폐혈肺血의 가슴을 열어주고
계곡의 폭포는
한 고요의 따귀를 때리고 있네.

이웃은 푸른 숲처럼
그냥 서로서로 어울리고
사랑한다는 말은
폭포처럼 가슴으로 외치고 있네.

마음달 앞에

한가위 달 속에
소망이 더욱 밝게 비추이고
산마다 효성의 소리
더욱 높푸르게 하는구나.

고향마다 집집마다
혈맥이 더욱 따뜻하게 흐르고
저녁 주막에는
벗 찾는 소리에 취흥이 짙어 가구나.

나그네,
살며 못다 한 일
많기도 많아 아쉬움만 쌓여가고
살며 입은 은혜 다 갚지 못하여
풍요로운 빚쟁이가 되어 가는구나.

이 좋은 만남 속에
서로서로 인정을 아낌없이 나누니
이 모든 것 품은 마음달 앞에
어찌 보름달만 밝다 하랴.

세상인심

눈 덮인 숲속에 새싹이 돋아나니
그 찬 땅속에 못다 함이 쌓이면서

그리움과 아쉬움이 눈물로 녹아내리니
가슴마다 찬바람은 모닥불을 피우네

믿음의 세상에 거짓이 활개 치니
그 얇은 입술에 체면을 분칠하면서

세상인심은 양심을 앞세워 우왕좌왕하니
거리마다 신호등은 빨간불만 깜박이네.

이내 몸은 할 일 찾아 발걸음 재촉하니
서산의 노을빛만 쉬어가라 손짓하네.

참된 농민農民

구름은 하늘가에 널려 있고 바람은 몰아친 데
가뭄에 불타는 들녘 농심農心은 애끓고 있네
빗줄기를 잃은 강산 황폐한 환경 몰고 오려나
자연에 마음 두고 땀 흘리는 사람 참된 농민이네.
나그네, 흙 한 줌 쥐고 있네.
사람은 도시에 모여 있고 일손은 부족한데
정가에 들끓는 약속의 말은 농심을 달래고 있네
희망의 빛을 밝힌 정책 미래의 농촌 만들려나
옳고 그름을 떠나 흙을 아는 사람 참된 농민이네.

정도政道

말은 혀끝에 달려있고 세상은 혼란한데
산 위에 고독한 청송靑松 세월은 깊어가네
정도政道를 잃은 권력 사색당파 시대 열리려나
민심에 마음 두는 사람 참된 위정자爲政者이네.

나그네, 세상인심 두루두루 품어보네.

말로서 말꼬리 달고 세상은 안개 속인데
바다 위에 외로운 섬 풍파를 이겨내네
세상을 밝힐 진실 암흑의 시대로 묻히려나
하늘의 뜻 받드는 사람 참된 선지자先知者이네.

국립5 · 18 민주묘지에서

해마다 이 만 때면 마음 둘 곳 없어
이곳을 두루 살펴 가나니
단장된 묘지 앞에 꽃다발만 지키고 있어
마음 더욱 흔드네.

누구누구라고 인사도 나눈 적 없는
영령들의 명복을 기리며
높고도 낮은 민주화의 성벽 쌓아 온
핏빛 사랑의 몸짓을 우러러보네.

나그네,
길고 긴 새 역사의 강줄기 따라
도도히 흐르는 의로움의 젊음이여
밭갈이 황소를 채찍질하는
옛 고향 생각에 마음이 무겁네.

허물어진 세상 새길 다듬어
자유와 민주화의 길 열어 놓았으니
외로운 듯 거룩하게 잠든
님들의 영령 천추에 길이 빛나리.

인생은

밤이면 어둡고 낮이면 밝음이라
밝고 어둠을 가르는 경계가 없네
인생은 가고 옴이 현실이라
오고 감의 경계도 없음이네.
나그네,
광명도 암흑도 원래 고요함이니
우주 안의 한 순리를 따름이네
사는 것과 죽는 것도 원래 없음이니
인생은 한 티로 허공 속의 움직임이네.

세월 따라 믿음 따라

꽃 피고 단풍드니 강산이 철 따라 오색 빛이요
이 모든 것 피고 지니 가지마다 허공의 빛이네
꽃과 단풍잎 가지 끝에 바람과 노닐고 있으나
한세월이 마음 가운데 흐르면 흰 구름만 웃고 있으리.
나그네,
부귀영화 세상에 가득하나 탐욕의 그림자요
이 또한 무너지니 가슴마다 폐허의 그림자라
한 가닥 허망한 마음 혹하는 마음에 기대고 있으나
진리의 빛은 세월 따라 믿음 따라 더욱 밝아오는구나.

태어나고 살다가

사람마다 태어나면서부터 수선을 피우더니만
세상에 알리는 당찬 출생신고 소리로 가름하네.

이문 저문 두드리며 일거리 잡고 밥그릇 채우더니
모든 것 내려놓고 헛수고 안 했다 노래하며 눈을 감네.

나그네, 왔다가 돌아가는 길을 생각하네.

초승달이 보름달이 되었다가 미련 없이 저물어 가듯
인생살이 이만하면 행복한 빚쟁이라 걸림 없겠네.

이 몸 부끄럼 없이 살아왔건만 돌아가는 길 몰라 물으나
그 길 별들도 모른다고 하니 지금처럼 빛 따라 살아가리.

정안定眼

이곳 오려거든 왼쪽으로 오라기에 그 길 따라갔더니
그 기엔 오라는 이는 보이지 않고 떠나려는 이만 웅성거리네.
이번엔 오른쪽으로 오라는 말에 그 길로 다시 가니
그 기에서도 만나지 못하고 뒤돌라 다시 왔다네.

나그네, 왼손 오른손을 번갈아 보네.

돌아온 길에 그를 만났기에 물으니 좌우 손을 들어 보이니
이 길이 저 길이요, 저 길이 이 길인 것 누굴 탓하랴.
내 입장 네 입장 돌이켜 정안定眼으로 바라보면 알 것을
내 입장만 앞세우다 우자愚者는 뜬구름만 따라갔네.

진실의 흐름

진실은 혀끝에 매달려 거리마다 그네를 타고
찬바람은 눈발을 몰고 와 찬 가슴 울리고 있네
일손 잃은 젊은이들이 일김 찾아 문 두드리고
맨손으로 물줄기를 내려 하나 피멍만 드는구나.
나그네,
흰 구름은 꽃바람을 몰고 와 찬 가슴 녹이는데
진실은 정가의 귓속에 누워 낮잠을 자고 있는가
할 일 없는 사람들은 뜬소문만 물어내니
일하려는 자 진실의 흐름을 잘 보라 하네.

민심民心의 손

바람은 흰 구름을 다투어 희롱하니
파도는 고깃배를 통째로 흔들대네

사람들은 일마다 싸움판을 벌여놓고
오가는 발길 잡고 말盞 잔을 권하네

그대는 어떤 잔을 맛보려 기웃거리는가
민심은 옳고 그름을 진실 앞에 손뼉 치네.

실직자의 하루

달 밝은 밤에도 잠자고 싶은 뭇사람들
온종일 손발이 묶여 일거리를 못 찾았네

물 한 사발에 입술 적시니 녹아나는 시름들
가슴 찬 한 소망을 품고 아쉬움을 달래네.

여명의 빛 따라 종소리 울려오면 마음문 열고
잃어버린 생존의 시간을 찾으려 또 나서네

한종일 두루두루 문 두들겨 일할 곳 찾는 발길
온몸에 싸인 먼지투성이로 한 헛소리를 털어내네.

밝은 세상

촛불에 꽃 피는 세상 밤낮이 없음이여
흰 돌이 일어나 새벽을 깨우네
민심이 천심 속으로 종을 울리나니
대명천지에 진실과 거짓의 등 밝혀주네.
나그네,
꽃 피고 지는 세월 사계가 없음이여
바람이 굿지 않으니 깊은 뿌리를 내리네
저 빛이 가지 속으로 새잎을 돋우니
이제야 맺힘과 걸림 없는 호好시절이네.

편안한 마음

사람마다 마음 편안히 살기를 원하네
말하기는 쉬우나 그 마음 찾기는 어려우니
이 거리 저 거리마다 사람 발길 분주하여
무거운 짐 짊어지고 언덕길을 오르고 있네.
나그네,
노을빛 머금은 낙엽이여 바람 따라 굴러감이여
달 아래 가을빛 호수에 쉬어갈까 하네
마음은 언제나 말로써 다 품갚음하니
편안한 마음길 파도 위의 갈매기이네.

달집태우기

붉게 피어오른 대보름 달빛 속에
풍요한 복주머니 잉태하는 밤
너나 함께 우리 위해 마음 모으고
두 손 모아 경건하게 달맞이하네.

나그네, 달빛 태우고 마음을 태우네.

훨훨 달집 태우니 온갖 재앙 사라지고
가슴마다 간직한 소원의 빛 밝아오는 밤
달집 타는 불꽃 위로 무등산이 솟아오르니
달빛 차향으로 냉가슴을 깨트리고 있네.

인생 단가

가을빛이 익어가니 단풍잎을 구워낸가
이 몸도 늙어가니 인생 맛을 익혀볼까
한 세상살이 두루두루 구경 좀 하렸더니
단풍빛 하도 고와 내 갈 길 잃었구나.
나그네,
시절인연이 앞다투어 왔다 가니
자연의 섭리 알기는 알았을까 하네
내 여생餘生의 상락아정常樂我淨을 찾으니
한 말씀 안에 고요함이 머문다 하네

말의 원력原力

말로써 관계를 이루고 인품을 만드나니

분노의 말은 신뢰의 그릇을 깨트리고
유순한 말은 불만의 응어리를 삭히네

증오의 혀는 파멸의 씨를 만들고
용서의 혀는 화해의 열매를 맺게 하네

진실의 가슴은 생명나무의 씨를 뿌리고
사랑의 가슴은 평화의 열매를 맺게 하네.

소망의 말은 행복의 문을 열어 주고
믿음의 말은 영생의 문을 열어 주네

말로써 말꼬리를 자르고 얽힘을 풀어가네.

한 흔적

한 흔적은 허무虛無한 것이라 하네

한 마음 한가로워 강가에 앉았는데
흰 구름이 강물에 그림자 드리우네

강물의 그림자 바람 따라 그 흔적 없으니
내 인생도 한 흔적 남기려 애쓰지 않으리.

어두운 방에 촛불 하나 밝혔는데
이 몸이 방안에 그림자 드리우네

방안의 그림자 빛 따라 그 흔적 없으니
본래 이 몸은 무無와 함께 함이네.

인생은 허무한 한 점 찍으려 살아가네.

자비의 향기

아기와 엄마가 공원을 산책한다
비둘기도 따라온다
아기는 엄마의 뒤를 따라가기 바쁘다
엄마는 손을 꼭 쥐고 붙든 듯 끄는 듯
힐끔 힐끔 돌아보며 천천히 조심스레 걷는다
아기는 뒤따라오는 비둘기들을 자꾸 본다

그리고는
먹다 쥐고 있는 과자 봉지를 털어낸다
비둘기가 쪼아먹는 모습에 좋아라 웃고 있다
엄마는 깜짝 놀란 마음에 쥔 손을 놓고 뒤돌아본다
아가의 웃음소리가 나눔의 조각이 되어 뒹굴고 있다
비둘기는 과자 봉지가 없어도 따라오며
공원을 빙빙 돌아 다시 총총걸음으로 따라오며 쫑알거린다.

비둘기가 전한 기쁜 소식 공원에 가득하다
하늘에서나 불리는 자비의 마음
부처의 미소에서나 볼 수 있는 자비의 마음
인간의 간절한 구함의 마음에서 우러나온 말이었건만
비둘기는 얼마나 좋아 아기를 따라 왔을까
아가는 자비도 사랑의 말도 모르지만
마음 안에 부드럽게 맑게 흐르고 있는거다
세상의 자비가 고개를 끄덕이고 있다

본래 자비는 신앙의 빛
지구상에 피어난 가장 아름다운 향기였는데
그 향기 모르고 살아온 사람들
진실로 간절하게 누구와 나눈 적도 함께한 적도
나 또한 진정 혼자 맛본 적도 없는 향기
그러면서도 날마다 기도의 가슴으로 구한 향기
이제 비둘기 떼 앞세우고
아가의 마음 찬 걸음으로 공원을 마음껏 돌아보고 싶다

양심의 빛

우주 만상의 울림이 생명의 빛 따라 흐르니
잠든 영혼 깨어나고 열린 눈으로 바라보네.
고해의 길 나침판의 가리킴 따라 닻을 내리니
진리의 빛이 어둠을 뚫고 내 안에 밝혀 주네.

나그네, 한결같은 마음으로 걸어온 길

참된 인생의 길이 어디에 있다던가
내 깊은 속을 바라보며觀 찾고 있네
빛 따라 울림 따라 마음이 머무는 곳
양심의 빛이 새로운 희망의 길로 이끌어 주네.

고독한 그리움

초록빛 머금은 빨간 장미 한 송이여!
빈 마음의 가슴에 포근히 안기었구나
홀로 지켜온 그리움은 꽃잎 진 밤길을 밟고
별빛 속으로 사라져가는 찬 마음 달래네.
나그네,
흰 구름 포옹한 초록 바람꽃 웃음이여!
고산장수高山長水의 기상을 품었구나
고독을 즐기는 그리움은 꽃잎 진 언덕에 올라
달빛 속에서 무엇을 찾을까 헤매지 않네.

내 안의 소리

산과 들에 꽃 피고 새잎 나니
가슴마다 붉은 빛이 가득한데

세상에는 말은 많고 행실은 적으니
밤하늘에 찬 달빛이 녹아내리고 있네.

나그네,
강산에 맑은 물 푸른 숲 짙어지니
발길마다 무량의 녹색 향기 가득한데

보나니,
까치 소리 참새 소리 새벽을 열어가니
내 안의 소리는 하늘빛 따라 흐르고 있네.

벗님을 불러 앉아

별빛 구르는 밤 스산한 마음 달래려
벗님을 불러 앉아 우전차를 우려내네
일생에 못다 한 정 찻잔에 녹아내어
시문詩文을 띄워놓고 만향萬香을 취取하네.
나그네,
별을 헤아리듯 차 잎을 다듬는 손길
한량없는 마음으로 그 차를 즐기네
이 향기의 맛을 그 누가 묻는다면
연둣빛에 감추인 해탈의 향기라 하리.

진실의 몸짓

달이 밝으면 골목길의 들고양이도 느긋하고
달이 구름에 가리면 정원의 국화꽃도 시들하네
밝고 어둠에 따라 경經을 보는 마음 나르니
경을 보고 말하되 마음은 들추어내지 말라 하네.
나그네,
어젯밤 단비가 내리니 가을 강이 깊어지고
소슬한 바람 스치니 가을 기운 흔들고 있네
세상엔 시시비비가 분분하니 진실을 울리고
세월 따라 진실은 잠꼬대만 할 수 없다 하네.

세월의 짐 지고 사노라면

어제 일 즐겁거나 슬프거나
마음에 담아두지 않으려 하니
저 달도 구름이 있으나 마나
유유히 흐르고 있구나.

가을바람은 사방 강산을
걸림 없이 넘나들고 있나니
뒤뜰의 은행나무는 달빛 머금고
황금빛 나부끼며 알알이 익어가고 있네.

나그네,
세월의 짐 지고 인연 따라 사노라면
아는지 모르는지 하는 일 많다 하나
행여 헛일인가 챙기려 하니
벌써 하현달이 머뭇거리고 있네.

따라 흐르니

달빛 따라 무심코 시냇가를 거닐고 있으니
물 따라 인생사, 세상사 다 흐르네
발길 따라 인연이 멈추지 않으니
말씀 따라 한 성품이 드러나네.
나그네여,
가고 옴도 없는 세월 따라 천심도 인심도 따라 흐르니
그 무엇 논하여 무엇하랴
모두가 한줄기 진리 찾아 흐르다 보면
요단강에 이르려나, 수미산須彌山에 이르려나.

나눔의 향기

가을빛이 노인복지관에 흐르는 듯 머무니
나그네, 평상심 안고 머무네
노인들, 세월만큼이나 몸과 마음이 아프다 하니
손끝에 사랑의 보시를 담아 生氣의 針을 놓네.

내 마음 먼저 생기 돋아나고 기쁨 가득하니
나그네, 행여 봉사한다 생각 않네
내 스스로의 마음 챙김이요, 다스림이니
나눔의 향기로 이 한 몸 봉헌이라 바치네.

우정의 잔

익어가는 가을빛이 바람결에 흔들거리니
도심의 가로등 불빛이 달빛을 가리는구나
나그네, 벗들과 어울려 세상의 일 나누니
양 귓불에 민심의 정이 붉게 타오르네.
여보게,
세상일 이런저런 목소리에 하도 가슴이 아파
잠시 술잔에 우려내어 마시자 하였건만
어쩌자, 술 한 잔에 취하여 웃고 있으니
그대의 눈빛이 우정이요, 의로움이네.

마음의 신호등

도심의 빌딩에 졸고 있는 초승달을 깨우니
바람 걸친 가로수에 가로등이 수군댄다
신호등 따라 오가는 길이 막혔다 풀리니
여명이 감도는 길에 유유자적悠悠自適 홀로 가네.
나그네,
광명의 빛이여, 생명의 빛이여
도농산촌都農山村에 한 빛으로 내리니
마음의 신호등 따라 이 세상 살다 보면
번뇌 망상도 걸림 없이 빛 따라 사라진다 하네.

작은 나눔

이 한 몸 선행을 한답시고
인적이 드문 노인복지관에 들어가네.
한 생각 마음이 머무니
하느님도 부처님도 이곳에 머무는가.

나그네,
세월만큼이나 늙어 가 쇠약해진 몸
의료복지의 혜택이 이르지 못하는 곳에
그 누가 아픔의 인연을 끊어 줄까
노옹은 웃지 못하고 병고만 탓하네.

마침내,
세상의 짐 마음의 짐 내려놓고
가벼운 마음으로 봉사한다 찾아드니
가난한 자의 작은 해맑은 미소가
고달프고 외로운 소리를 달래주고 있네.

님 그린 정

달은 하늘에 떠서 별빛 안고 흐르고
가을 향기 가슴에 출렁인 듯 일렁이네
뒤뜰에 귀뚜라미는 한밤을 노래하고
님 그린 정은 국화향 보다 더 진하게 피어나네.
나그네,
님께 선 달그림자에 숨은 정을 닮았는가
언제 왔는지 헛기침 소리도 없었건만
어쩌자 그 향기에 취 했는가
가을이 지기 전에 한 송이 들꽃처럼 피우려 하네.

고향 무정

고향 산천 거닐어도 옛것은 간데없고
산 위에 흰 구름만 흐르고 있네
다정했던 벗의 숨결은 느낄 수 없고
빛바랜 추억의 흔적만 밟고 있네.
나그네,
있고 없음을 부끄럽다 탓하지 않고
서로의 마음 열어 보이는 이곳
부모 형제의 영혼 안식처 자주 찾지 못하건만
내 안에 흐르는 혈맥은 그칠 날이 없네.

무슨 답答

가을 들녘을 서성이는 농부들, 채솟값을 묻는다.
농협창고 앞사람들, 채솟값을 묻고
시장터 사람들, 채솟값을 묻고
백화점 코너에서, 채솟값을 묻는다
이 말을 듣는 나그네
어떤 대답을 할까.

허, 이 사람아
뭐 그리 망설이고 있는가
셈하려 두 적이지 말고
그냥,
그때그때 그 질문 속에서 답答을 찾는 거다
세상만사가 다 그러하거늘
모든 것 더 가까이서 돌이켜 보게나.

답은 틀린 것만
좋은 것만 있는 것 아니니
두루두루 살펴보면
다 내 앞에 그 답이 있으리라.

님 그리는 마음

가을빛 출렁이는 호숫가를
벗과 함께 거닐며 흥얼거리네
님의 향기로 피어난 연꽃은
씨방 되어 남았는데 님 그리는 마음
낮달에 감추인 듯 드러내지 않는구나.
나그네여,
인연 따라 왔다가 인연 따라가는 인생
누구에게 자비와 사랑을 나눌까
모든 존재
유유히 흐르면서 찰나생멸刹那生滅하고 있으니
이 또한 진공묘유眞空妙有라 할까
다순 가슴에 미소를 머금고 거닐고 있네.

다도茶道의 향기

혼자서 찻잔을 기울이니 달빛이 흐른다
한 잔에 님의 미소, 또 한 잔에 님의 노래
어쩌자 차 따른 소리로 이 밤을 채우고 있다
아침 해 떠오르면 님의 소식 가슴 열고 반기려나.
나그네,
광명천지에 대자대비가 흐른다
비움 있는 곳에 한마음 채워지니
차 한 잔의 향기 만유萬有에 녹아나니
님의 미소로 마음의 참뜻을 깨달아 봄이네.

한가위의 사무량심四無量心

햅쌀 없는 이웃에 송편 빚어 돌리고
자식 잃은 아픈 헛소리 내 가슴에 담아 보네
아기 낳은 기쁨을 두루두루 나누고
지난날 좋고 싫은 마음 한마음으로 대하네.
나그네여,
님의 미소 머금은 한가위 대보름달
두리둥실 띄워놓고 바라보니 만월법滿月法이라
자비희사(慈. 悲. 喜. 捨)의 마음 서로서로 나누니
이를 불러 사무량심四無量心이라 더욱 밝게 비추네.

추석 풍경

비구름 걷히니 하늘빛 더욱 높푸르고
강산에 청풍이라 단풍들라 손짓하는구나
올가을 풍년들어 절구봉이 미어지고
고향의 친지들 어울려 한마당 이루니
세상살이 짊어진 짐 다 내려놓고
혈맥의 정 찾는 만남의 기쁨이네
성묫길 이어지니 산천이 효행길이라
서로서로 공양이요 사랑의 세상 이루네.

찻잔에 담긴 정

시냇물에 스친 바람에 달그림자 흐르고
한밤의 고요함에 감은 눈이 좋아라
면학정 깊은 정취가 국화향에 가득하니
님과 함께 찻잔에 시흥詩興을 담아 마시네.
나그네,
세상사 기웃대는 눈빛 사이로 흐르고
부질없는 일 내려놓으니 가슴이 좋아라
면학정 고요한 밤 달빛에 깊어가니
님과 함께 찻잔에 세상 시름을 우려내어 마시네.

숨은 정情

님 생각에 말없이 거닐며 달빛을 안고 있네
소음이 가득 찬 도심에 가로등 이어지는데
시냇가에는 물새도 날지 않고 고요하니
하루를 못 봄이 삼 년을 못 봄 인가하네.
나그네,
그리움에 잠못 들어 별빛을 가슴에 담고 있네
침묵이 깊어 방안에 촛불이 가물거리는데
뒷 뜰에는 바람이 쉬고 있어 더욱 고요하니
보고픔도 그리움도 정한情恨에 잠들어 있네.

돋보기의 세상

돋보기안경을 코끝에 걸쳐 쓴 나그네여
그대는 무엇이 그리 보고 싶은가
산천이 철 따라 그 모습 서슴없이 변해가듯
세상의 인심도 그러하다네.

눈앞에 보이는 것마다 마음에 안기니
세상의 흐르는 모습 놓치지 않으련만
아마도 안경 벗어 놓으면
보고 싶은 것 잘 살펴보지 못할 터.

나그네, 어찌할꼬
차라리 이 혼탁한 세상을 바로 보지 못하니
안 보느니만 더 나으려나
에라, 눈감고 바라보는 세상이나
하나라도 잘 보고 큰소리로 외쳐 보고 싶구나.

내가 찾는 세상은

길섶에 코스모스도 자리하고
꽃을 피우고 있는데
나그네,
흘린 땀 씻으며 육신의 소생 처
마음의 치유 처
영혼의 안식처를 찾고 있네.

늘 머물고 싶은 곳 몸만 가지 말고
마음도, 영혼도 함께 가자 하니
그 누구의 말과 글에 얽매이지 않은 곳
늘 그곳을 찾아야 한다는 마음으로
발길 걸림 없이 걸어가네.

좁은 길 따라가 넓은 문 열고
나 진정 머물 곳
목마름 없는 샘물 마시는 곳
내 찾는 세상, 생명의 빛 비추고 있으리니
세상일에 해찰하지 않고 걸어가라 하네.

기다림

산촌의 푸른 언덕에 서성이다가
냇가에 드리운 달그림자를 보고 마음이 설레네
물 따라 흘러간 저 달그림자를 붙잡을 수만 있다면
님 오시는 길마중 갈 나룻배를 만들어 볼거나.
나그네,
님 계신 곳 아직도 확실히 알지 못하여
벗들도 이리저리 헤매이고 있네
여생을 이 지혜의 빛 아래 거닐다
벗들과 함께 님을 맞이할까 하네.

분별력

소문에 마음을 두지 마라
세상에 소문이 소문을 몰고 왔건만
그 뜬소문에 마음 두고 고민하는가
한 소식은 어디 가고 제 몸만 해치고 말 것을.
나그네,
떠도는 한 소리에 웬 성화인가
진언眞言과 허언虛言을 분별치 못하고 시시비비하면
밤이면 바람 소리에도 짖어대는
겁먹은 개와 다를 바 있겠는가.

거짓과 진실의 본바탕

무엇이 거짓이고 무엇이 진실인가
사실 없는 진실 없고 거짓도 없네
거짓이 다 나쁜 것 아닐 때도 있나니
거짓의 밑바탕에 깔린 자비를 베풀 때이네.

나그네, 아름다움을 품은 가슴을 보네.

진실이 다 좋은 것 아닐 때도 있나니
사실의 허울만 쓴 자비를 모를 때이네
진실도 거짓도 사실 앞에 드러나 현상이니
거짓도 진실도 자비의 본바탕은 하나이네.

인정이 오가니

가을빛에 취하여 비틀대니 지팡이가 앞서가네
나그네,
해탈의 향기방에 걸림 없이 들어 와
아침을 두드리고 있네.
님이여,
서로 마주하지는 못한 인연이건만
인정이 오고 가니
타오르는 단풍잎처럼 속 가슴 붉어지네.
나그네,
하얀 달빛 아래 한 잔의 생수를 마시려 하네.

하루 일

봄날 한나절 텃밭을 만지작거리며
흙과 손이 서로 님 만난 듯 만나니
둘은 또 다른 잡풀을 밀치며
함께 즐거워하고 고통의 땀을 씻고 있네.
나그네,
나뭇가지 새로 내리는 햇볕 받으며
옛 벗을 만난 듯 하루 일 마치니
하고자 하는 바를 다 하지 못해도
함께 웃으며 흙 묻은 발을 털고 있네.

한 인생

산다는 것은 한 송이 꽃 피어남이요
죽는다는 것은 한 송이 꽃 떨어짐이네.
피어남도 떨어짐도 한갓 무상함이니
지금 나 있음에 감사하며 살아보려 하네.
나그네,
원래 내 것 아무것도 없는 이 세상에서
내가 베풀 것 뭐 있으면 찾아 베풀고
이 편안한 쉼터에서 활짝 웃으며
꽃피우듯 한 인생 미련 없이 살자 하네.

사랑의 등燈

부산한 도심의 밤 고요함이 헤매는데
흘림 없는 가로등 아래 고단함을 토해내네
네거리의 가로수 홀로 발길을 재촉하니
서둘지 마라. 전조등에 말없이 보내네.
나그네
하룻일 마치고 찾아갈 곳
무거운 가방에 가벼운 지갑이지만
밥상에 웃음꽃 나누며 쉬고 싶은 곳
가족이란 사랑의 등燈 멀리서 밝혀주네.

고향길

고향길 찾아가는 사람아
길손 있거든 먼저 말 건너 주소
길섶에 피어난
개나리, 민들레도 웃어대고
어린 날의 푸른 꿈도 팔랑이네
어머니의 밝은 미소가 화신불化身佛 인양
먼저와 반겨주니 동산의 하늘빛도 더욱 푸르구나.
나그네,
정든 사람들의 마음 안고
물길 따라가는 길 뭐 그리 바쁘랴만
그래도 허둥거리는 발길은 어쩔 수 없나 보다.

장부의 한 일

달빛 밝아 홀연히 한 폭의 사군자를 치고 앉았으니
인생은 짧아도 예술은 길다는 말 귓가에 맴도네.
옛 고향의 달 생각에 가슴의 정 더욱 깊어가니
본래의 마음은 항상 소중한 보배처럼 빛나네.
나그네,
밝은 달도 한밤을 함께 할 수 없어 잠을 청하니
아무리 부귀영화 누린다 해도 한숨 잠만 못하다 하네.
이제 먼동 밝아와 한 줌의 흙을 파고 고르니
수많은 장부의 한 일 시작도 끝도 없는 빈손뿐이네.

살아간다는 것

세상에 말틀 조잘대도 침묵은 오히려 자자 들고
새 소리 긋지 안 해도 산은 더욱 푸르러 고요하네
세상 민심의 소리 하늘과 더불어 무지개를 띄우고
바른말은 마음의 눈과 함께 무명無明의 빛을 밝히네.
나그네,
여름 지나 입추가 왔는데 열기熱氣는 아직 내 안에 가득하고
매미 소리 요란해도 큰 나무는 아랑곳없이 그늘만 내세우네
시절은 우주의 순행에 따라 자연스럽게 그 빛깔을 띄우니
내 인생은 본래의 모습 그대로 걸림 없이 자유자재 하려네.

생生의 지혜

살며 나눈 지혜의 빛이여!
걸음걸음 어둠의 늪을 여태껏 밟아놓고
인생살이
더듬어 찾아도 허공뿐이다 하는가

나그네여, 알아채기나 했던가
이제 유혹의 늪에 빠진 줄 알았으니
대명천지大明天地에
손을 내밀며 소리 높이겠지

물아일체物我一體

한 마음 찾으려 하네.

숲속을 거닐다 보니
내가 숲인 줄 알고
산새가 끼웃대고
반가워 손짓해 보니
내가 산새인 줄 알고
숲이 부르네

하늘빛은 웃고 있네.

아직도 할 일 남아

하늘 아래 푸르름은 숲마다 더욱 짙고
안개는 산 능선을 넘인 듯 품고 도네
포근한 강물 위에 휘영청 달 밝으니
몸 씻는 달그림자가 선녀인 양 춤을 춘다.
나그네,
강산에 바람 불어 푸르른 물결인데
달빛은 잠이 들고 이 몸 홀로 앉아있네
아직도 할 일 남아 서책을 펼쳐놓고
늦 사귄 문객의 시를 한가로이 읊고 있네.

세상이 하 수상하니

마음이 외로우니 벗이 와서 더욱 반갑고
달이 외로우니 꽃이 화들짝 소근 대고 있네
올봄은 방사성 물질이 이렇듯 요란하니
물 한 모금 마시기도 참으로 어렵구나.
나그네여,
꽃과 벌들이 공생하듯 나와 이웃이 더불어
생활에 만족하고 감사하며 살아가면 되련만
인간의 욕망으로 자연의 가슴이 신음하고 있으니
언제쯤 청정한 자연의 품에서 유유자적할거나.

마음물 맑으니

무엇이 선업善業이고 무엇이 죄업罪業인가
선업과 죄업이 모두 인간의 마음에서 왔네

흰 구름 흐르고 나룻배 띄운 맑은 가을날
의구히 청산이 참모습을 대하네

나그네의 가슴에 마음물 맑아
고요한 연못에 법향을 피우고 있네

시인의 길

삼라만상 가운데 이것저것 찾는 길손
책과 글 속에서 또 무얼 찾아보네
뭇 사람들 다 지나간 길이건만
그래도 내 생애에 홀로 걷는 발 길이네.
나그네,
하늘과 땅 가운데 있음과 없음을 찾나니
풀잎에 맺힌 이슬에서 생멸의 빛을 보네
어제와 오늘이 흔적 없이 다 지나가건만
그래도 내 생애에 시 한 편 걸어두고 싶네.

말조심正言

이 세상에 할 말 다 하는 이 없건만
어찌하여 언어도단의 말을 하려 하느냐
어제와 오늘도 선뜻 내뱉은 말
내일이란 생애에도 또 그러하려는가.

사람의 입마다 쏟아져 내린 말들
세상에 아무 도움 준 것 없어도
남들은 더한 말을 잘도 한다고
굳이 따라 하며 부끄러움을 모르네.

인자仁者가 아무리 좋은 말을 한다지만
듣는 이마다 나름대로 받아드리니
그 뉘 무슨 말을 탓하려 하겠는가
돌과 나무들이 일어나 가슴을 내려치고 있네.

너와 나 모두 바른말 나누려 하니
말뜻도 모르고 두런두런 말을 하면
아무짝에도 쓸모없으니 이를 어쩌나
언세나 내 한 밀 다 태워 버리려네.

고운 미소

시절 인연 따라 터벅이며 걸어온 인생살이
어느덧 노을빛 머금은 낙조와 같네
생각하건 데 가슴에 찬 푸른 꿈 어데 두고
어제의 그림자만 서성인 강가를 거닐고 있네.
나그네,
거닐고 거닐다 돌아본 내 인생살이
미련 없고 걸림도 없는 물줄기 같네
묻노니, 푸른 소나무 낙엽 지는 소리 들리는가
오늘의 난청이 헛됨이 아니라고 고운 미소 띠네.

인연의 뜻

강물 따라 바람 소리 흐르니
간직할 것도 없고 버릴 것도 없네
지혜롭다 하는 자, 학식이 많다는 자여
취하고 버림의 뜻을 알기나 하느냐.
나그네,
세월 따라 세상을 두루 살다 보면
만남도 헤어짐도 헤아릴 수 없네
세상의 일 운명이라 부르는 자여
만남과 헤어짐의 뜻을 뭐라 하려나.

세상을 향해

언제부턴가 돈지갑이 주둥이를 찌푸리니
속주머니가 투덜대며 단추를 잠그고
세상을 향해 내뱉는 소리 듣는 자 없으니
어리석은 자는 별빛마저 창고에 쌓으려 하는구나.
나그네,
겨울밤 아우성치는 별빛 바라보며
모든 것이 있는 것 그것으로 인하여 일어나니
그 마음 비우고 버리고자 몸과 마음 한뜻 세워
두꺼운 외투에 닫힌 마음 열고 있네.

못다 한 정情

비 오는 밤 홀로 낙수물 소리 들으며
나도 모르게 가슴이 울고 있네
보고 픔의 그림자를 가슴으로 어루만지며
뭐 그리 못 잊어 긴긴밤을 지새우고 있네.
나그네,
빗소리 멀어져 간 고요한 밤
촛불 아래 녹아내린 그리움만 보고 있네
어쩌랴, 아픔도 슬픔도 가슴에 사르면서
못다 한 사랑을 하염없이 노래하고 있네.

세상의 운행

찬 나뭇가지에 참새가 먹이를 찾다 말고
하늘을 보고 땅을 보네.
참새의 눈망울에 어떤 세상이 보였을까
노래인 듯 부르며 고개를 꺄웃거리고 있네.
나그네,
새벽길에 작은 눈망울 깜박이며
무얼 찾느라고 두리번거리네
아마도 세상의 운행을 훔쳐보고 있음일까
지나는 듯 머무는 듯 눈빛을 보내고 있네.

나의 길 찾아

가을 하늘 맑고 높아 흰 구름 더욱 희고
저녁놀 곱고 고아 님 모습 더욱 밝네
기러기도 노을빛 물고 산 넘어가고
동자도 가는 길 따라 님 찾아가네.
나그네,
이 몸도 맑은 물 따라 유유히 흘러 흘러
가는 곳마다 한 자리 비워둔 풍진객이 되네
한 계절 아무리 좋아도 잡을 수 없으니
이 가을 가기 전에 나의 길 찾아갈까 하네.

작은 존재이지만

우주 안에 작은 존재가 움직이고 있다
그 존재 안에 또 다른 작은 존재가 움직이고 있다
그 작은 존재 안에 또 더 작은 존재가 움직이고 있다.
지구다
인간이다
그리고 나다
모두가 움직이고 있는 생명체다
그러면서도 서로서로 모르고 움직이고 있다.

알면서도 모르는 척
모르면서도 아는 척하면서
그렇게 우주 안의 모든 존재는 움직이고
지구인은 더 자기 안에 집착되어 살아가고 있다
이웃과 자연과 살아가면서도
어떻게 살아야 하는지를 망각한 채 살아가고 있다.

지구변화란 엄청난 현상 앞에서
빈곤과 자연의 착취,
인간의 생존권과 삶의 가치를
생화의 향기가 아닌 조화로만 꾸미고 있다.

작은 존재이지만
그 누구도 떠날 수 없는 삶의 현장에서
우주공동체란 영광의 탑을 세우기 위해
새로운 변화인으로 살아가고 있다.

동행자

보고 만나고 말하지 않아도
그리움의 가슴을 두들기니
달빛은 나뭇가지에 걸터앉아
그 모습 그리고 있다.

열린 마음으로 부른 콧노래
춘풍에 실어
보름달 달무리에 띄워놓고
임과 함께 거닐어보고 싶다.

소망을 태우는 정월의 밤
숨겨둔 그 정 가슴 밭에 뿌리고
어젯밤 꿈길에서 웃고 웃으며
임에게 할 말 다 나누였으니
오늘은 참 좋은 날, 웃고 있다.

어디냐고 아무도 묻지를 않아도
임만은 항상
나의 속 가슴을 만지작거리며
아무리 괴롭고 외로워도
언제나 웃으며 함께하니
코끝을 달구는 숨소리처럼
무주의 길 동행할 내 님이고 싶다.

5부

변화의 몸부림

새날에는

한 해 쉼 없이 달려온 백마의 발꿈치
헤어지고 상처 나도 쉼 없이 달려왔으니
새날의 언덕에 몰려온 어린양 보듬고서
푸르고 맑은 강산의 길 마음 모아 닦으려 하네.
나그네,
쉼 없이 달려와 지치고 고달픈 몸
유로하고 치유하며 내일의 빛 밝히며
새날의 밝은 여명의 빛 가슴에 안고
평화와 민주의 길 힘 모아 펼치려 하네.

한 알의 씨앗

바람 끝이 차고 어둠이 깊다 해도
한 빛살에 녹아나는 아침
올 한해를 싹틔우고, 꽃피우고자
한 알의 씨알을 손에 쥐고 있다.
나그네,
알찬 열매를 맺어 거두고자
얼어붙은 땅에 마음 먼저 뿌리고
나름대로 원래대로 나를 찾고자
한 진리의 씨앗 가슴에 품고 있다.

걸림 없는 마음

깊은 밤 촛불 아래 홀로 고요를 찾으니
한마음 머문 자락에 분별을 사르네
한 말씀으로 무거운 마음의 짐 내려놓고
고통과 괴로움을 벗어난 나를 찾네.
나그네,
밝아오는 달빛 품고 촛불을 바라보니
분별 망상이 녹아내려 마음문을 열고 있네
가슴 깊이 흐르는 고요함을 취하니
걸림 없는 마음은 무욕의 밤을 지새우고 있네.

마음 빛

봄비 내리는 텃밭에 흰 구름 지나가니
햇살 안고 살구꽃 만발하고 있구나
이상기온으로 자연 빛 마구 변하니
방안의 이 마음이 아니 변하랴.
나그네,
구름 걷힌 밤하늘에 달빛 유유히 흐르니
초록 바람 사이로 어린싹이 기웃거리고 있구나
온 누리에 쌓인 먼지 봄비에 씻기니
마음 빛으로 환영幻影은 스스로 사라지는구나.

미래로 가는 길목에서

긴긴밤 열대야에 지친 몸
새벽하늘을 바라보니
흰 구름 한 점 띄워놓고
샛별이 유난히 반짝이네.

광주천 맑은 물
디딤돌을 감싸 돌아 <u>흐르고</u>
천변의 수양버들
초록 바람 소소하게 불어주네.

깊은 잠 깨어 난 몸
창틈의 하얀 햇살을 바라보니
내 안에 꿈틀거린 영혼의 울림이
마음 문을 살포시 열어주네.

한 송이 풀꽃을 피운
내 삶의 터에 성심誠心을 심고
미래로 가는 길목에서
홀로 앉아 자화상을 그리고 있네.

외로운 고수

장고 치고 나가더니만
북치고 돌아오니
타령이며 판소리
거칠 것이 전혀 없네.
나그네
세상 들으라고 징을 쳐도
이 소리 모르니
천년의 맥이 잠든 소리
그 언제 누굴 위해 깨울까.

한 톨의 불씨

진실 아닌 진실이여 거짓 아닌 거짓이여
안개인지 구름인지 산허리를 감돌고 있네
원칙과 질서가 무너진 거리의 신호등이여
바람인지 눈보라인지 나뭇가지를 흔들고 있네.
나그네,
진실도 거짓도 한 톨의 먼지 같음이여
빛살이 비추면 그사이에 드러나고 있네
원칙과 질서도 한 톨의 불씨 같음이여
입김을 모아 불면 그사이에 살아남이네.

인생의 맛

정자에 앉아 찻잔에 차를 따르니
잊었던 님 생각에 가슴 적시네
길 잃은 숲속에서 사람 만나니
미혹에 빠진 나를 찾은듯하네.
나그네,
청잣빛 우러난 차 맛을 보니
식어간 심신이 뜨거워지네
인생의 맛을 진정 찾을 수 없는가
무아차無我茶 맛보듯 천천히 음미해 보네.

말없이 찍은 점

말없이 화선지에 찍은 점
풍속화도 아니고 산수화도 아닌 헤아릴 수 없는 흔적들
저 검은 점을 뽑아 노을 가에 뿌리며
내 안의 탐진치도 뽑아 반야도般若圖를 그려본다.
나그네,
점과 점이 이룬 점
사군자가 피어나고 자화상이 웃고 있는
향기로운 흔적들 한 점을 골라 밤하늘에 뿌리며
내 안에 번뇌도 뽑아 해탈도解兌圖를 그려본다.

보시布施＝베풂

울고 있는 아가에게
활짝 웃으며 달래니 따라 웃고
다툼이 있는 곳에
겸양의 말 나누니 시비가 사라지네.

실의에 빠진 이에게
따뜻한 마음으로 대하니 새 힘을 얻고
악평이 난 사람도 좋은 점을 찾아
다정한 눈빛으로 친교를 맺네.

나그네,
짐을 싣고 언덕을 오르는 수레
밀어주며 말벗이 되어주고
버스를 탈 때 노인장의 짐
들어 올려드리고 자리를 양보하네.

이런 일 저런 일을 할 때
손익의 셈법을 앞세우지 않고
세상만사 내게 준 선물
내가 한 내 몫을 다하려 하네.

살구가 익어갈 때

달빛 녹아 내리는 뒤뜰에
살구가 황금알로 익어가니
행인문정杏仁文亭에서 벗을 불러
작년에 빚은 살구주를 나누네.

민심 속에 깊이 썩어가는 인仁을
궁색한 안주로 삼고
시들어가는 효충의예孝忠義禮를
가지마다 주렁주렁 매달아보네.

나그네,
별빛 아래 우뚝 자란
살구나무 눈 안에 드리우고
세상 속에
한시름 가득한 민심을 술잔에 띄우네.

나, 이 겨울에는

나 이 겨울에는
힘에 겨워 흘리는 눈물이라도 좋다
진정 나에게 매이지 않고
큰 소리로 울부짖다 찬 서리 녹이는
따뜻한 눈물이었으면 한다.

나 이 겨울에는
내가 내게 준 선물이라도 좋다
보이지 않은 사람들이지만
내가 있으매 희망을 안겨 줄
작은 선물이었으면 한다.

나 이 겨울에는
한쪽 팔이라도 하늘을 향했으면 좋겠다
말로만 사랑한다기보다는
처마 밑 고드름 하나라도 나눌 수 있는
다순 손길이었으면 한다.

나 이 겨울에는
그리움마저도 비웠으면 좋겠다
살아 있음에 짊어진 짐들
미소 속에 하나둘 벗고 가는
걸림 없고 열린 발길이었으면 한다.

풍진객風塵客

바람 따라 구름 따라 안쓰러운 몸짓으로
구겨진 산등성이를 묵묵히 오르고 넘었네
만색의 형상 글 쪼가리로 그릴 수 없어
돌부리만 걷어차며 하염없이 헤맸네.
나그네,
내 가진 것 무엇일까 하고 둘러봐도
숲속의 물소리 바람 소리에 젖어 있을 뿐
만향의 진풍경 한 노래로 부를 수 없어
새소리 듣다 말고 미소 짓는 풍진객이 되었네.

빈 마음

별지는 소리 달 아래 구르니
달빛은 마음 자락에 긋지 않네
달그림자에 한마음 묻어두고
잔잔한 호수에 연꽃 향기를 피우네.
나그네,
가는 발길 멈추고 연꽃을 바라보니
뜬구름 잡으려는 헛꿈이 사라지네
내려놓는 빈 마음은 적정寂靜함이니
언 듯 달그림자를 밟고 가고 옴을 잊고 있네.

입장 살피니

구름 낀 밤하늘에 달빛 가린다 하나
구름을 보지 않으니 달이 밝도다
어둠이 흘러 흘러 새벽을 넘쳐흐르니
밝음도 어둠도 다 보냄에 허공뿐이네.
나그네
구름을 원래 보지 않음이니 구름 없음이여
있다 없다 마음 두지 않으니 편안함이네
내 것만이 옳음이다 세우니 네 것은 잘못이라
네 것의 입장 살피니 내 것 네 것 탓할 것 없네.

그대로이니

흐르고 흐르는 세월이여
시절이 변해도 마음만은 그대로라고
그 누가 심중(心中)의 말 했던가
꽃잎 피어나고 낙엽 지는 소리 듣고
나를 찾는 어리석음에 입을 다물었네.
나그네,
언뜻 제행무상의 한 빛줄기를 찾음이여
원래의 나의 본체를 알아차리려 함이네
모든 것이 다 그대로 그대로이니
하도 많은 인연도 원래 하나의 끈이었네.

진실과 거짓의 굴레

거짓의 진실이여, 사실의 거짓이여!
한 마음을 뒤 엎으니 앞과 뒤 바꾸어 지네
초록 잎이 푸른 나무에서 떨어지니
한 바람에 초록 강산이 갈색빛 이더라.
나그네, 인생의 아름다움을 바라보네.
진실의 내 편이여, 사실의 네 편이여!
손잡았다 놓고 뒤돌아 서 등을 보이네
웃는 얼굴 세상 인심에서 멀어지니
진실과 거짓의 굴레 풀어헤쳐진 끈이더라.

바른말로 삭히고

바람인 듯 시원한 말씀 머리 위에 머무니
뒤숭숭함은 사라지고 열정熱情만 남았네
산하山河에 여름빛 녹여서 가을로 보내며
인생무상을 담아서 시 한 수 읊고 있네.
나그네,
바람인 듯 구름인 듯 한 스침 있으니
알고 모르고는 깨달음과는 무관한 듯하네
내 안의 한 허물 바른말로 삭히고
지나온 세월 머리털에 담아 흩날리고 있네.

한마음 울림으로

달과 해 내 안에 잠시 있음이니
너와 나 또한 그러함이네
이 한때가 너무나 소중하기에
하나하나가 기적이요 현묘함이네.
나그네,
한 순간순간 마음을 다하고 힘을 다하여
한 소망 안에서 나답게 살려 하네
한평생 살며 챙긴 이것저것 비우고 나면
한마음 울림으로 웃으며 떠날 수 있으리.

시냇물 따라

시냇물 따라 흐르는 영롱한 달빛이여
은하수 그 우아한 침묵마저 삼키고 있네
달빛 내려 물든 호숫가를 멋 하려 거니는가
달빛 아래서 매미는 밤새도록 울부짖고 있네.
나그네,
시냇물 따라 비춤이여 흐름이여!
할 말 있거든 입을 열고 쏟아 부어라
눈빛과 이맛살로 외쳐 보아라
무심코 걷다가는 매미만도 못하리니.

인생의 노래

오가는 이 없어 홀로 오르는 산길
아침 안개 걷히어 비로소 푸른 숲을 보네
골짜기의 물소리 들으며 바위 위에 앉아
부귀영화의 허망함을 꿈길인 듯 잊어버렸네.
나그네,
울고 웃는 소리 끊이지 않는 이곳
열정이 물들어 그때야 탐욕인 줄 알았네
흰 구름 흐르는 그림자를 밟고 서서
희로애락의 소리를 바보인 듯 잊어버렸네.

매미 소리에

애틋한 매미 소리 숲에서 들리나니
폭염의 햇살은 사르르 사라지네
천지의 소리 모은 무진한 정취
푸르른 나뭇가지를 뚝 부러뜨려 봄이네.
나그네,
도심에 이곳저곳 우거진 숲이여
무엇 하려 어디를 가나 물어오는 소리
가로수 나부끼는 실바람 못내 아쉬워
가는 발길 붙잡고 세상인심 물어오는구나.

그때가 되면

창문 틈 기웃거린 휘황찬란한 달빛이여
들어오려거든 망설이지 말게나
구름 지나가고 나뭇가지 흔들리면
그 빛 가려지고 세상도 잠들게 되리라.
나그네,
휴가길 발목 잡는 화려강산이여
갈 곳 몰라 헤매고 있네
마음에 든 곳을 찾게 될 때는
귓가의 매미 소리를 깨닫게 되리.

해탈의 몸짓

밤하늘에 세상 것은 아무것도 없는데
그 누구와 더불어 마음을 나누겠는가
별빛을 따라가는 마음눈 덮게 삼으니
바람 따라 흐르는 구름은 공허의 길벗이네.
나그네,
이 벗 저 벗 아무도 마음 나눌 이 없으니
밤의 연못에 피어난 연꽃 향기에 마음 머무네
넘쳐나는 인파의 소곤거림과 눈빛 오감은
탐진치를 열대야로 씻으려는 해탈의 몸짓 이러나.

정중동靜中動

모였다 흩어지고 또 이어지는 저 구름
산맥과 파도가 덩달아 굽이치고 있네
찰나의 우주 인연작용의 변모함이여
잘 보아라,
원래의 평정을 찾고자 움직이는 것을.
나그네,
돌고 돌아가는 인생의 길
이일 저일로 흔적을 남기고 있네
선행과 악행이 세상에 굴러가나니
그 누가 탓하랴
자아의 본성을 지키려 움직이는 것을.

헛된 주장

옳으니 그르니 탓함을 받아들이나니
이로 인해 나는 한 공덕을 쌓음이네
혹독함이 더 할수록 내 마음은 더 굳건하니
그 누구의 눈살을 의식할 필요가 없다 하네.
나그네,
헐뜯고 흠잡으려 해도 틈을 주지 않나니
이로 인해 자성의 빛을 발함이네
세상의 공부란 할수록 더 혼미해 지나니
옳고 그름에 빠져 헛된 주장을 할 필요가 없다 하네.

선택의 묘용

세상의 욕망이 만들어 낸 컴퓨터여
세상에 돌아다니는 알음알이의 공유처이네
우주에 흐르는 에너지의 작용이여
내 안의 깊은 바다에서 얻을 수 있는 새 힘이네.
나그네,
지혜의 빛이여, 파장이여
알음알이의 빈 통을 던져버려라
참으로 진공묘유의 작용이여
선택의 묘용을 아는 이의 것이리라.

끊음이여

장부의 칼은 단칼에 대나무를 베나
범부의 낫은 무디기만 하네
장부는 옷을 훌쩍 벗어 던지나
범부는 또 한 겹 옷을 걸치고 있네.
나그네,
단칼에 일체를 끊음이여
빛의 밝음에 눈을 감음이네
낫의 한 올의 무딤이여
벗은 옷 다시 걸쳐 입음이네.

출발과 도착

어디를 찾아가려는지 오늘도 길을 나선다
가는 일 말고 또 다른 일 없어
정처 없이 길을 나선다
흰 구름 앞서거니 뒤서거니.

가는 길이 내 일이라
출발이라는 이름 아래 나섰다가
어느 시간쯤
도착이라는 이름 앞에 머물렀다.

또다시 출발하니 생멸의 운행인가
윤회의 원리 이런가
출발점과 도착점은 시공時空이 다를 뿐
그 안에 나는 존재하고 그 선 위에 내가 걸어간다.

오늘이라는 한 점을 찍으며
또 하나의 선을 긋고 있다
흰 구름 산새가 물어다가 눈밭 이루니
이른 아침 눈을 밟고 거닐고 있다.

한 소망

몸뚱이에 묻은 때 더욱 쌓이고
마음속에 흐르는 때 출렁거려도
이것들을 보듬고 한평생 살아가니
굳은 때가 이 몸을 위해 한 가닥 내려놓네.
나그네,
바람처럼 물처럼 강 따라 흘러서
강산에 몸 맡기고 걸림 없이 노닐다가
해지고 달뜨면 또 무슨 일 하려는가
행여, 때 묻은 자 만나면 서로 털어 주며 웃어보게나.

청정한 마음 淸淨心

파타야의 밤이 깊어가니 이방인이 서로 얽혀
불꽃이 날름대고 가무가 흥청대는구나.
밤빛이 아무리 좋다지만 한갓 허황한 그림자이거늘
광명진언의 빛이 마음에 머무니 가는 발길을 놀리네.
나그네,
유혹의 손때가 묻었다 하여 손을 자르려 할 수 없고
유혹의 땅을 밟았다 하여 발을 자를 수 없구나.
이 땅에 사는 동안 누구를 못 만나고 어디를 못 가랴
청정한 마음 흘려보내 연꽃 향기 피워보려네.

평화의 소리
– 평창 동계올림픽 개막식 매스게임을 보면서

평창동산에서
다툼과 시샘 없는 아름다움을 보았더라
만인군무萬人群舞에서
한마음의 아름다움을 보았더라.

이 모두가 순리요,
화합인 질서의 조화이더라
백야白夜의 꿈이 서린 자연의 청정
인간의 존엄을 위해
온 누리에 평화의 소리 울려 퍼지고 있더라.

지고 이김을 넘어 최선을 다함이니
인종과 국가를 넘어
서로서로 사랑의 미소 머금고
용서와 화해의 일치로
인류평화를 위해
불신佛身인 듯 천신天身인 듯 가슴을 열고 있더라.

앞생각 뒷생각

지난 앞생각에 어리석은 일은 마음에 두지 않으니
물안개가 새벽하늘을 오르는 것과 다를 바 없네
지혜가 밝아지면 앞생각을 부수어 공空하게 할 터인데
정작 한 생각을 돌리지 못하니 뒷생각이 따라오지 못하네.
나그네여,
한 생각도 실천하지 못하면 바람 같은 것
이 핑계 저 핑계로 미루다 보면 무슨 일 할 수 있으랴
한 뜻 크게 세워 한 찰나에도 번뇌의 실체 버리고
경계警戒를 한 등불 삼아 마장魔障에 속지 않으려네.

간절한 마음

백일홍 꽃, 나팔꽃 햇살 안고 피어나네
뭐 할 일 이리 많아 덩달아 피어나나
송이송이 줄기마다 님의 마음을 닮았는가
붉게 붉게 그 향기 뿜어내는구나.
나그네,
한마음 모은 간절한 마음으로
하늘과 땅의 틈새에 한 씨알 뿌리니
용천수 솟아올라 물길 내어주고
사랑과 용서의 꽃 피웠다 하네.

낮은 자의 모습

해가 뜨고 달이 떠 있으니
하늘이 높은 줄 알았건만
이렇게 내 안에 있으니
가장 낮은 곳에
고요히 흐르고 있는 줄 이제 알았네.

나 있는 자리를 낮춘다는 것
나 앉을 자리를 알아서 앉는다는 것
스스로 낮은 곳에 있는 자
한없이 높아지나니
상대가 낮아야 내가 높아짐은 겉보기뿐이네.

도랑물이 흘러 흘러 내川이루고
또다시 돌고 돌아 더 큰 강 이루어
망망대해茫茫大海 이룬다는 것
낮춤의 도道인
상선약수上善若水 됨이니 생명수 되는구나.

일어난다는 것은

아침에 일어난다는 것은 눈을 뜬다는 것
눈을 뜨다는 것은 마음을 연다는 것

마음을 연다는 것은 영혼을 깨운다는 것
영혼을 깨운다는 것은 몸을 움직이는 것

몸을 움직인다는 것은 살아 있다는 것
살아 있다는 것은 생각한다는 것

생각한다는 것은 번뇌를 일으킨다는 것
번뇌를 일으킨다는 것은 진아眞我를 찾는 것

진아를 찾는 것은 해탈의 향을 피워 내는 것
해탈의 향을 피워 내는 것은
생멸의 불이不二임을 선포함이니

일어난다는 것은
지금 여기 있음이요 현존이니
감사의 시작이요 끝이러가.

그리움은

여름밤 긴긴밤을 뭐 그리 그리워
보름달만 쳐다보았을까
하, 님이여, 차마 잊을 수 없어 그리는 맘
왜냐고 묻지를 말아다오.

물안개 거치고 나면
첩첩한 심중에 모르는 듯 찾아오소서
어제 그린 보름달 보이지 않지만
님의 모습 내 안에 가득 남아 있네.

이 모두가 허상인 줄 알건만
이대로가 좋으니
어둠을 삼키는 한 그리운 맘
달빛 흐른다고 탓하지 않으리.

뭘 찾는가

나 일어나 두리번 거리나
뭐 찾을 것이 없구나
하기야 네 잃은 것 없으니
그 무엇 있을 리 없구나.

수탉의 회치는 소리, 까치 소리에
골목길 따라 개 짖는 소리 이어지는데
나는, 본래 청각장애인인 듯
언어장애인인 듯 가는 길만 거닐고 있구나.

모두가 꿈속의 일인 듯
바람 따라 구름 따라 눈빛 번득이니
그래도 또 뭣, 찾아보려 함일까
그저 일상이 되어버린 버릇이런가.

기쁜 소식

참 좋은 기운이 밀려오는 아침
새들이 하늘을 날 듯
구름이 만상의 그림을 그리듯
바람이 풀잎을 어루만지듯
나그네,
아가가 엄마를 부르듯
어둠과 밝음의 사이를 걸어가고 있네.
여명의 빛 따라 펼쳐지는 소식을 들으며
또 전하고 전하려 함이네.

가끔은

일상에 헝클어진 모습 곱게 빗질을 하고
눈가에 추억이 머문 모습 조용히 보고 있다
입가에 사랑의 말 함박꽃처럼 피우고
이마에 늙어 가는 모습 그대로 보고 있다.
나그네,
마음에 흠, 가슴의 아픔을 두드리며
가끔은 분장을 하고 웃고 있다
오늘만큼은 가벼운 발걸음으로
당신 앞에 나아가고 싶어 헌 신을 신고 있다.

한 바람願

새들이 하늘을 날 듯
구름이 만상의 그림을 그리듯
바람이 풀잎을 어루만지듯
아가가 주춤주춤 걸어가듯
노인네가 허리를 펴고 걸어가듯
젊은이가 축구공을 차 골인을 하듯
세상에는 생존권이, 인권이
자유와 평화의 옷을 입고
이 한겨울 잘 보내는 것을 보고 싶다.

세욕洗慾

어제는 비 오는 정자에서 아침을 만나고
오늘 아침 비 갠 냇물을 바라보네
인생은 비 내리고 그치는 구름과 같은 것
밀려오는 구름 보고 또 흐르는 구름을 보네.
나그네,
마음에 젖어오는 욕망의 옷 걸치고
세상을 두루두루 어슬렁거리고 있네
한 줄기 반야의 빛 내리는 황혼 길에
잠시라도 가슴을 열고 적신 옷 말리고 있네.

여유餘裕

비 그친 시냇물에 물새가 찾아들고
이슬 맺힌 풀잎에 빛살이 내리네

눈앞에 오가는 이 구름 같은가,
혀끝에 돌아가는 말 바람 같은가.

간밤에 천둥을 휘몰아친 구름 걷히고
나뭇가지 휘어잡은 바람 자고 나니

녹수는 걸림 없이 유유히 흘러가고
청산은 그대로 우두커니 서 있네.

발길 따라 구름은 수채화를 그려놓고
말들 따라 바람은 귀밑머리를 스치니

세상사 마음을 내려놓았을까
구름 새로 나르는 물새를 보네.

콧구멍 뚫기 전에

고향의 시냇가에 맑은 물이 흐르고
너른 들판에 풀은 나날이 푸르르네
어미 소는 코뚜레에 매여 오도 가도 못 한데
송아지는 어미 소만 따르고 있네.
나그네,
어미 소는 송아지를 뒷발로 걷어차며
콧구멍 뚫기 전에 뛰놀라 하는구나
아픔도 괴로움도 체념하는 몸짓에
지그시 웃으며 내뿜는 콧김을 느껴보네.

희망의 가슴

달빛은 나를 불러 앞뜰에 새워놓고
닫힌 듯 열린 듯이 바람 소리 밀려오니
버거운 세월의 짐 하나둘 내려놓고
달그림자에 감춘 새 기쁨 가슴 열고 반기네.
나그네,
달빛은 구름 불러 나뭇가지에 앉혀놓고
오는 듯 가는 듯 인적 소리 멀어지니
지난 세월의 짐 오늘 밤 풀어놓고
새 생명의 빛 희망의 가슴으로 품어보네.

화두話頭

졸고 있는 나에게
딱!
한소리 내는 것
진지한 삶
진솔한 삶
내 인생의 참모습
이 모든 것을 깊이 참구參究함이요
자신을 찾기 위한 몸부림이요
찰라의 정신 차림일까
지혜의 막힘病處에 놓는 따끔한 침鍼이려나.

나그네 길

천년을 하루같이 하루를 천년같이
저 너머 언덕 위에
외로이 떠 있는 흰 구름 한 점
영혼의 광야에는 나 홀로 거닐고 있네.
나그네,
오늘이야 이렇게 머물 곳 있다지만
언제까지 저 새들 숲에서 볼 수 있을까
산마루에 걸터앉은 하현달
저기 저길 따라가라고 끄덕이니 바람조차 고요하네.

내 마음의 본향

나, 나도 모른다
눈으로 볼 수 없고 만질 수도 없고
말을 나눌 수도 없어 아무래도 알 수가 없네.

나는 나를
때로는 알 것 같기도 하여
큰소리로 이놈, 하고 불러보지만
너무 조용하고 고요하여 숨소리도 들을 수 없네.

나그네,
나, 나를 안다고
마음으로 보고 만질 수 있어 좋아했다고
수없이 말을 나누었기에 알 수 있다고 했네.

나, 아침이 좋아 시냇가를 거닐며
이놈이 과연 나인가 헛기침을 하여보지만
진정 나란 본체는 찾을 수 없고
말씀의 빛 머무는 내 마음의 본향을 보네.

어찌하여

밝고 맑은 아침 햇살 내리는 줄 어찌하여 모르는가
어제저녁의 어둠을 지금껏 안고 있음인가
세상의 것 자기 안에 마음껏 담고 있는 것 어찌하여 모르는가
무소유의 맛과 멋을 진정 모른단 말인가.
나그네여,
어찌하여 어제의 잘못을 지금도 모른 채 간직하고 있는가
더 늦기 전에 버리지 않으면 태산보다 더 무거운 짐 되리라
지혜로운 자는 허물 벗기를 날마다 손 씻듯 하는데
어찌하여 허리띠를 더 동여매려 한단 말인가.

내 인생의 옷

한 줄기 빛을 찾아 헤매인 발길
노을빛 가슴에 품고 바위 위에 앉아있네
산길 내려오다 산 그림자에 걸렸건만
흰나비는 꽃향기 물고 구름 따라 날고 있네.
나그네,
인생이 무엇이냐고 산새에게 물었건만
이 가지 저 가지 넘나들며 노해하고 있네.
철 따라 빚은 옷 잘도 입었건만
내 인생의 옷, 이제 어울린 옷 입을까 하네.

이것과 저것은

어두운 밤에 비 내리는 소리는
천둥·번개 치는 소리를 품음이요
달빛을 가리고 스치는 바람 소리는
구름 흐르는 소리를 전함이네.

간밤에 내린 어둠의 빛은
하늘과 땅의 본래의 모습을 품음이요
청산에 비춘 밝은 빛은
하늘과 땅의 무량한 그림자를 드러냄이네.

나그네, 진실과 거짓을 외치는 소리는
세상을 울리는 징 소리요
옳고 그름을 가리는 소리는
따름과 버림의 북소리이네.

고난과 박해에 시달린 소리는
세상의 벽을 넘는 몸부림이요
사랑과 정의 실현의 소리는
평화의 길을 여는 생명의 빛이네.

푸른 언덕 찾는 마음

청산은 높음을 자랑하지 않고
녹수는 낮음을 부끄러워 하지 않네
달은 높다지만 항상 내 마음 안에 있고
님은 가까이 있어도 찾아가 만날 길 없네.
나그네,
꽃 향이 산천경개에 피는 듯 녹아나고
산새가 법문을 설說하듯 야단법석이구나
별들이 밤하늘에 숨바꼭질하듯 놀아나니
들소는 광야에서 푸른 언덕 찾아 거닐고 있네.

헛된 수고

아침 햇살 따라 거미줄이 내리니
나그네는 손으로 허공을 걷어 내치네
거미의 거물 망은 헛된 수고 되었을까.

모퉁이에 자리한 거미는 어디론가 뻗어가고
다롱 거린 나방이는 나뭇가지로 오르고 있네
나방이 새들이 쏘아보니 헛된 수고 되었을까.

나그네여, 그것은 바로 존재 이였네
존재 또한 그것이었으니
그것은 존재 앞에 헛된 현상 되었을까.

영산강 변의 서정

극락강을 휘돌아 풍영정에 홀로 오르니
더위에 지친 솔가지에 실바람이 걸려있다
이런 일 저런 일로 내 여생의 갈 길이 먼데
저녁놀 피어나는 곳에 한 시상詩想을 띄워 보낸다.
나그네,
달빛 내리는 영산강 변을 무심코 거닐다 보니
낚시꾼이 던져놓은 낚싯줄 갈대숲에 걸려있다
내 하루 일도 나 모르게 어디에 걸려 있는가
흰 구름이 감도는 이곳에서 공空시름을 낚고 있다.

어둠 속의 그림자

이 도량 저 도량에 밝힌 연등이여
한사코 머리 위에서 뭘 찾으려 하는가
본래의 것 스스로 깨달아야 하거늘
아직도 촛불 속에서 어둠을 보네.
나그네,
잃어버린 진아眞我 가운데 드러난 아상我相이여
어둠을 뚫고 길 위에서 찾은 진실
열린 가슴에 빛의 열매로 맺으니
이제야 어둠 속에서 그림자도 보네.

똑바로 바라보라

현자여,
왜 그리 눈을 어두운 벽에 걸어놓고
입은 물 한 모금 머금고 앉아있는가.

어리석고 어리석은 소인배여.
티눈 백이 눈을 방안의 촛불에 담아놓고
입은 물거품을 쏟아 내며 떠들고 있는가.

현자나 어리석은 소인배나
마음은 닫아놓고 두 눈만 부릅뜨고
밝음과 어둠 속에서 무엇 그리 찾고 있는가.

이 밤이 지나고 나면 진실과 거짓이 드러나건만
이 모든 것 잠 못 깬 눈으로 바라보면
단풍잎 가지마다 나풀거리고 있을 뿐이네.

초승달이 보름달이요

고요함에 몸을 맡겨 놓고
가고 옴에 얽매이지 않으려 눈 감아보고
생사가 하나인가 둘인가 앞뒤를 돌아다보고 있네
나 머물다 갈 곳을 찾는 것이 평상심인가 하여
마음 먼저 웃고 나니 만산이 비어 있다 오라 하네.

나그네 눈을 뜨고 바라보니
초승달이 나뭇가지에 열렸는가 했더니
어느새 바람 따라 보름달로 익어가고 있네
초승달 같은 이 몸 인연 따라 감응感應하니
대보름달 같은 무연자비無緣慈悲로 님을 보네.

깨달음 앞에

진실을 밝히지 않음이니 거짓이 어디 있고
거짓을 내세우지 않음이니 진실이 본래 없음이네
밝히고 감춤에 더 보탤 것 없음이니
이제 그 누가 있다, 없다 시시비비할거나.
나그네,
밝음이 없으면 어둠이 어디 있고
진실이 없으면 거짓이 어디 있겠는가
마음과 현상 속에 티끌 같은 말법을 닦아내니
깨달음 앞에 진실과 거짓은 본래 한가지네.

영혼의 감로수

조개 속에 녹아난 통곡의 눈물
그대는 진주
돌 속에 숨어 있는 탐욕의 창고
그대는 황금
세상은 그대들을 붙잡고 있네
그대는
명예와 권세의 탈을 쓰고
벼랑 끝에 밧줄을 걸쳐놓고
줄타기하고 있네.

나그네여,
뒤돌아보지 말게나
밑을 내려 다 보지도 말고
밧줄을 끊고 손을 놓아보렴
그때,
영혼을 목축일 감로수 받아 마시리라.

정관시선靜觀詩選을 펼치며
- 詩中問答 -

고요한 자유인의 시학

시인·문학평론가 김 종 천

인간이 인간으로 인간답게 살아가기 위해 자아 성찰의 시간을 갖는다는 것은 아름다운 일이다. 아름다운 일이라는 것은 사랑의 삶이기에 진실함과 순수함으로 슬기롭고 지혜로운 삶을 살아가는 것이다. 사랑의 씨를 부드러운 가슴에 뿌리고 열린 가슴으로 가꿔 꽃을 피우고 알찬 열매를 맺어 가벼운 가슴으로 나누는 것이리라.

낮은 마음으로 함께 살아가는 열린 세상, 마음의 평화를 누리는 세상, 살맛 나는 세상을 살아가는 것이다. 여기에는 인연 따라 걸림 없고, 내려놓는 본연의 삶, 고요함을 즐기는 삶이다.

인간이 가장 존귀하고 보배로운 것은 자비와 사랑이 듬뿍 담긴 따뜻한 가슴이 있기 때문이다. 그래서 인간은 미학적 욕망을 표출하는 존재다. 여기에 인간의 본질을 창의적 심안으로 표출해 내는 것이 문학이다. 무한한 우주의 본질과 현상을 자아성찰의 힘으로 탐색해가는 통찰력과 직관력은 문학 창작의 원천이다.

따라서 일상에서 만나는 시절 인연, 유무의 세계를 마음의 눈, 깨어난 영혼의 빛으로 바라봐야 한다. 이것이 세상의 빛과 소리를 지혜의 빛으로 바라본 정관靜觀이요 관조觀照다. 고요함 가운데 흐르는 지혜의 빛으로 바라본 우주와 인간은 공空이요 무상無常이요 무아無我이니 불이不二요 자유자재自由自在함이다.

오늘의 작품은?

변화무쌍한 세상 속에서 가장 값있고 가치 있는 삶의 흔적을 살펴 모아 진솔하게 펼쳐 보이는 것이 문학의 의미를 찾는 것이다. 이처럼 문학적 관점에서 삶의 의미를 되살려내는 것이 작가 정신이다. 작가는 항상 무거운 마음을 내려놓고 고요함 가운데 비움의 경지에서 바라본 심상을 펼쳐 보여야 한다. 따라서 무관심 속으로 묻히어가는 방심, 대중과 멀어져 가는 시심을 일깨워 자기만의 세계에서 시대 정신이 살아 숨 쉬는 공감과 공유의 세계, 더 나아가 유로와 치유의 숨결이 흘러야 한다. 길고 깊은 심혼의 호흡을 통해 아름다운 마음의 눈으로 바라본 미학적 시학詩學이여야 한다.

이러한 의미에서 영혼의 울림을 모아 2010년부터 10여 년에 걸쳐 열린 마음을 통해 삶의 고뇌와 슬픔 그리고 기쁨을 모아 인생론적인 2,200여 편을 모아 권당 365편씩 편집하여 정관시선靜觀詩選(1권 빛 따라 소리 따라, 2권 하나인 줄 알면, 3권 허공이 만공이라, 4권 두 손을 놓아라, 5권 마음의 짐 내려놓고, 6권 한빛 밝히려고)을 펼쳤다.

전체적으로 우주화, 세계화, 자연동화, 인간화, 그리고 인연의 묘용을 지혜의 빛으로 밝히는 언어예술로 승화시켜 가려는 성찰의 시학이 되도록 노력하였다. 작품마다 시대정신을 보편적 정서로 시공을 초월하려는 심상으로 관조적이면서도 서정성을 담은 인생관과 이상향을 보여 주었다.

작품 내용은?

책 제목에서 말해 주듯이 몸부림치는 심적 고뇌와 평정심을 찾고자 하는 비움의 찰나를 고요한 마음으로 펼쳐 보였다.

여기에는 1. 진리를 향한 지혜의 빛 2. 고요함 속에 흐르는 깨달음의 여정, 3. 자연의 빛과 향기와 숨결 4. 세상의 소리, 사람의 소리 5. 님을 향한 사랑과 그리움의 서정, 6. 산사의 법향法香 7. 나의 삶, 나의 길 등을 순수한 영적 체험을 통해서 다양성과 특수성을 발휘하여 사유의 미학, 공감의 시학으로 형상화하였다.

작품마다 시대적 연결고리를 엮어간 융합적 언어와 간결한 언어를 통해 길고 깊은 심적 호흡으로 다채로운 영감을 주는 상상력의 확장을 보여 주도록 노력하였다. 인생이 무엇이며 어떻게 살아야 할 것인가, 영적, 정신적 여유와 즐거움을 주는 인생 공부는 한이 없음을 사유했다.

오늘의 시학은?

오늘의 나의 시학은 육체적, 정신적 체험의 가치를 심혼으로 형상화한 글의 조각품이요 속삭임이다. 이러한 시학은 깊은 철학적 사유와 내면적 성찰의 힘을 이끌어 내어 시적 언어의 조화와 융합을 통하여 삶의 의미를 투영한 것이다. 이러한 나의 시학은 존재 가치를 깨달음의 감각으로 독자와의 공감대를 형성하는 공명共鳴관계를 이루도록 하였다. 의식의 흐름 따라 본질과 현상을 통찰의 힘으로 아우르며 일상의 자기표현을 넘어 고요함 속에서 한 "깨달음의 울림"으로 심화한 것이다. 부정과 긍정 의식을 아름다운 어울림의 이상적인 만남, 시어의 선택과 절제로 다듬어진 마음의 표현이다.

작품의 주제와 성향性向은?

우주적 인간의 존재 가치와 의미를 종교적 관점에서 접근해 가는 시 의식과 예술혼이라는 자아성찰의 힘으로 바라보았다. 시간과 공간에서 본질과 현상을 종교적, 철학적 사상으로 바라보고 새롭게 시대적 명제로 오늘의 삶과 더 가깝고 친밀감 있게 미래지향적으로 펼쳐 보였다.

작품의 흐름은 삶에 대한 성찰의 힘이 전반적으로 확장되어 보편적 공감대를 형성하고 있다. 이런 차원에서 오늘의 문학적 활로는 인생에 대한 탐색의 길을 암시하였다. 인간의 보편적인 서정적 감성으로 인생의 무상함 속에서 삶의 아름다움과 소중함을 걸림 없는 마음으로 찾아가는 도전 의식과 승화 의지를 보여 주었다.

작품의 성향은 철학적, 관념적 사유思惟와 실존적, 체험적 지혜와 정보로 인생의 의미를 유불선의 사상을 기반으로 한 윤리적, 도덕적, 교육적, 실용적인 가치관과 기독교 사상을 모태로 하는 자비와 사랑의 실천, 신앙적 가치관을 형상화하여 내용의 다양성, 특수성, 보편성, 대중성을 살려 조화롭게 표방하고 있다. 여기에 관념적 본질을 실존적 현상으로 이끌어 서정적 감성이 생동감 있고 현실감 있게 조명하는 시상을 보여 주었다.

작품 전반에 흐르는 긴장감과 공감을 주는 낯익은 시학, 그러면서도 걸림 없고 자유자재한 시학, 벗어남의 시학, 고인돌과 삼거리와 신호등 같은 시학을 표방하고 싶었다.

시의 형식과 시상詩想은?

전반적인 시의 흐름은 시조 형식과 한시, 선시의 형식을 융합한 직설적直說的인 화법과 회유적回諭的인 비유법 형식, 독백의 형식, 자문자답의 형식을 활용하고 있다. 작품의 짧음에서 긴 여운을 풍기는 실험적인 함축미를 창출하려고 시도하였다.

여기에 바탕을 둔 시상詩想은 무한 세계를 향해 직관과 통찰의 형상화를 통해 인생론적, 존재론적 문제를 인생 순례자의 입장에서 바라보았다. 시 안에서 삶의 맛과 멋을 즐기며 고통과 슬픔을 사랑의 힘으로 거듭난 삶을 시화詩化해 내었다.

따라서 나의 시는 존재론적 인생관, 철학관을 표출한 내 인생의 증인이요, 증거자요, 동반자로 내 인생의 유산이다. 이렇듯 내 인생의 실존적 삶을 시로 펼쳐 보며 그 시와 함께 살아오고 있다.

삶이란 변화의 현상이 반복된 듯 이어지고 그러면서도 새로운 듯 반복되나니 나의 시 또한 변화 속에 반복과 변화, 과거와 현재 그리고 미래를 향한 새로움을 찾아가고 있다. 실존적 현실 앞에서 생의 의미를 관조觀照하는 여정이라고 생각한다.

삶을 통한 철학적 자아 탐구요 탐색의 바탕 위에 예술적 무아의 세계를 정립하고자 하였다. 삶의 진리를 지혜의 힘으로 찾아가는 구도자적 순례자요, 사랑의 힘으로 찾아가는 인생의 나그네로 생명과 평화를 갈망하는 진솔한 감성으로 시상詩想을 펼쳐나갔다.

언어의 자유로운 표방과 사유와 의식의 변화를 조화롭게 융합하는 상상력과 형상화의 벽을 허물고 광야로 나아가는 도전적 시정詩情을 보여 주고 있다.

나는 늘 고향을 찾아 순례하고 있다. 내 육체적 고향뿐 아니라 영혼의 고향을 찾아가는 길을 탐색하고 있다. 그 고향은 우주요 인생이다. 우주와 인생을 품은 실체는 어머니이니 어머니는 내 고향의 모체다. 그 길을 찾는 힘은 지혜의 빛, 생명의 빛, 자비의 빛이 하나의 등불이 되어 한 줄의 시를 잉태하고 실존 앞에 출산하는 거다. 우리의 어머니처럼.

靜觀 詩選 Ⅱ

김 종 천 제15 시선집
하나인 줄 알면

찍은날 2024년 6월 14일
펴낸날 2024년 6월 18일

지은이 김 종 천
발행인 황 하 택

펴낸 곳 도서출판 현대문예
등록번호 제05-01-0260호
등록일자 2001년 12월 31일

주소 광주광역시 동구 천변우로 361-6
전화 (062) 226-3355 팩스 (062) 222-7221
E-mail ht3355@hanmail.net
cafe.daum.net/ht3355
정가 15,000원
ISBN 978-89-94028-53-8(03800)

* 본사와 저자의 허락 없이 이 책의 일부 또는 전체의 무단 전재 및 복제,
  인터넷 매체 유포를 금합니다.
* 잘못된 책은 구입처에서 바꾸어 드립니다.